Hans A. Baensch · Neue Meerwasser-Praxis

IMPRESSUM

© 1992 Tetra Verlag
Tetra-Werke Dr. rer. nat. Ulrich Baensch GmbH
Postfach 15 80, 4520 Melle, Germany

Alle Rechte der Verbreitung,
einschließlich Film, Funk
und Fernsehen sowie des
auszugsweisen Nachdrucks vorbehalten.

Redaktion: Hans A. Baensch, Melle

Gesetzt aus der Garamond

Satz: Fotosatz Hoffmann, Hennef
Lithos: Flotho Reprotechnik, Osnabrück
Printed in Germany

7. überarbeitete Auflage 1992 56 001—63 500

ISBN 3-89356-122-6

Hans A. Baensch

Neue Meerwasser-Praxis

Die beliebtesten
tropischen Meeresfische
und wirbellosen Tiere

Das Ziel der Meerwasseraquarianer ist es, sich die wunderbare Welt der Korallenriffe ins Haus zu holen und dort zu erhalten.

Inhalt

Vorwort — 7

Das Aquarium
- Die Aufstellung des Aquariums — 9
- Das Aquarium — 13
  - Aquariengröße — 15
  - Aquarienzahl — 15
- Der Bodengrund — 16
- Das Wasser und seine Zubereitung — 18
  - Meerwasserdichte — 18
  - Qualität des Wassers — 20
  - Die Zubereitung von Meerwasser — 21
- Einiges über Aquarienchemie — 22
  - Ammoniak, Ammonium — 23
  - Nitrit — 25
  - Nitrat — 25
  - pH-Wert — 27
  - Ozon — 28
  - Sauerstoff-Gehalt — 28
  - Oxidation — 29
  - Reduktion — 30
- Die Wasserfarbe als Gütetest — 31
- Die Innengestaltung des Aquariums — 32
  - Korallen — 34
- Die Algen, Pflanzen des Meerwassers — 36
  - Algensterben — 38
  - Algenbekämpfung — 38
- Spurenelemente — 40
- Filterung und Lüftung — 41
  - Typ 1 Bodenfilter — 41
  - Typ 2 Dreikammer-Rieselfilter — 42
  - Stromausfall — 42
  - Typ 3 Schnellfilter — 45
- Beleuchtung — 46
  - Die HQI Halogen-Metall-Dampflampe — 47
  - Sonnenlicht — 48
- Heizung — 49
  - Wahl des Heizers und Thermostaten — 50

Heizleistung	52
Abschäumer, Ozon und UV-Licht	53
Dosierung von Ozon	54
UV-Lampe	54
Das Einsetzen der Fische	56
Erste Fütterung und Kontrolle	56
Übersicht: Die Einrichtung eines Meerwasseraquariums	56

Haltung und Pflege

Fütterung der Fische	60
Fütterungshinweise	61
Pflege des Aquariums	62
Reinigung und Wasserwechsel	62
Tägliche Prüfliste	64
Das Meerwasseraquarium im Urlaub	66
Krankheiten, Erkennen und Behandlung	68
Krankheitssymtome	71
Die Korallenfischkrankheit – Oodinium	73
Die Pünktchenkrankheit – Cryptocarion irritans	74
Kiemenwürmer	75
Hauttrüber	77
Flossenfäule	78
Die Knötchenkrankheit – Lymphocystis	78
Kupfervergiftung	80
Krankheitstabelle	82
Goldene Regeln für Meerwasseraquarianer	86

Die Fische

Einiges über Fang und Import	88
Über Fischnamen, Merkmale und Bestimmung	92
Artenvorstellung	98

Wirbellose Tiere

Einführung	169
Artenvorstellung	174

Index, Anhang

	217

Vorwort zur 6. Auflage

Die vorliegende 6. Auflage meiner Meerwasserpraxis wurde, was den Tierbestand anbetrifft, völlig verändert. Ich habe den Teil Wirbellose den Marktgegebenheiten ebenso angepaßt wie den Fischteil.

Das Riffaquarium mit Wirbellosen und wenigen kleinen Fischen ist heute das Ziel des Meerwasser-Aquarianers. Deshalb wurde der Fischteil dieser Auflage den neuen Anforderungen an die Meeresaquaristik angepaßt. Die Fische müssen sich in das Riffaquarium mit Wirbellosen problemlos einfügen.

Das Buch wird besonders dem Neuling helfen, sich von Anfang an ein gesundes Meerwasseraquarium zu schaffen und zu erhalten. Das Ziel jedoch, Meerwasserfische über Monate oder sogar Jahre hinweg ohne Verluste zu pflegen, läßt sich nur durch Erfahrungen und Aneignung theoretischer Kenntnisse aus Fachbüchern erreichen.

Wenn Sie Erfahrungen als Süßwasseraquarianer haben, kommen diese Ihnen bei der Haltung und Pflege eines Meerwasseraquariums sehr zugute! Ein Neuling in der Aquaristik wird gerade beim Meerwasseraquarium Kenntnisse erwerben und Erfahrungen sammeln müssen, die er einfacher mit einem Süßwasseraquarium erlangen könnte.

Im Prinzip sind beide einander in der Pflege recht ähnlich. Fehler wirken sich allerdings viel schneller und meist verhängnisvoller für die Lebewesen des Meerwasseraquariums aus.

Meerwassertiere haben wegen der im Meer meist vorliegenden stabilen Wasserverhältnisse eine viel geringere Toleranz an Wasserveränderungen als Süßwasserfische.

Umkehrosmosegeräte zur völligen Entsalzung des Leitungswassers und damit das Ausschalten von Umweltfaktoren haben die Meerwasseraquaristik heute wesentlich erleichtert. Dazu kamen in den letzten 10 Jahren verbesserte Lichttechnik (HQI), bessere Filter, wie Rieselfilter, biologische Nitrat-„Filter" und „last but not least" verbesserte Import- und Quarantänebedingungen bei den Importeuren.

Inzwischen werden etwa 10 Fischarten regelmäßig gezüchtet! Solche gezüchteten Tiere sollte vor allem der Anfänger bevorzugen. Die Natur wird dadurch entlastet.

Ich möchte heute jedem Anfänger der Meerwasseraquaristik empfehlen, mit einem Becken, das mit Niederen Tieren und viel Algen (Caulerpa) besetzt ist, anzufangen.

Wenn solch ein Aquarium biologisch ausgeglichen funktioniert, kann der Pfleger nach einem halben Jahr Fische einsetzen. Bei der Auswahl soll Ihnen dieses Buch helfen.

Herrn Peter Wilkens, dem bekannten Spezialisten für Niedere Tiere im Meerwasseraquarium, danke ich für seine Mitarbeit. Er hat den Hauptteil über die Wirbellosen geschrieben.

Überlegen Sie sich vor der verlockenden Anschaffung eines Meerwasseraquariums, ob ein Süßwasseraquarium Ihren Ansprüchen nicht zunächst genügen würde. Ein gescheiterter Meerwasseraquarianer ist meist verloren für die gesamte Aquaristik — und das wäre doch sehr bedauerlich.

Wenn Sie es aber doch versuchen wollen, dann beachten Sie die in diesem Buch erteilten Ratschläge und erledigen Sie die in den Prüflisten aufgeführten Arbeiten peinlich genau, denn bei Nichtbefolgung kann Ihr Hobby womöglich zu einer Enttäuschung werden.

Ich wünsche Ihnen jedenfalls von Herzen, daß Sie Freude und Erfolg mit Ihrem neuen Meerwasserquarium haben mögen.

Hans A. Baensch　　　　Mai 1992

Gutes Dekorationsmaterial macht erst ein schönes Aquarium perfekt.

Das Aquarium

Die Aufstellung des Aquariums

Ein Platz dafür findet sich überall! Normalerweise wird man ein Aquarium im Wohnraum unterbringen, wo man es von der Sitzecke gut beobachten kann. Eigentlich gehört das Aquarium dorthin, wo wegen der guten Sicht das Fernsehgerät steht. Lassen Sie ihm diesen Platz und wählen Sie den Standort für das Aquarium nach folgenden Gesichtspunkten aus:

Das Becken darf täglich 1–2 Stunden *Morgen- oder Nachmittagssonne* erhalten. **Südfenster** sind ungeeignet, weil die einfallende Mittagssonne das Wasser im Sommer zu stark aufheizen könnte.

Ein Platz in einer völlig dunklen Ecke ist geeignet. Man kann mit elektrischer Beleuchtung, die man ohnehin abends benötigt, die Lichtmenge sehr gut dosieren (s. S. 46 Beleuchtung). Vom Tageslicht sind wir also nahezu unabhängig.

Stromanschluß in der Nähe ist wichtig. Doppelstecker sind nicht mehr zulässig. Deshalb bei Neuanlage gleich mindestens zwei Dreifachsteckdosen legen lassen (Pumpe, Motorfilter, Regelheizer, Licht, Ozon, Regelgeräte usw.).

Wasseranschluß ist meist nicht erreichbar, man muß mit Eimern oder langen Schläuchen bei der Beckenfüllung arbeiten. Wasserausguß oder WC sollte für große Becken mit dem Schlauch (notfalls 10–15 m lang) erreichbar sein. Das erleichtert den monatlichen teilweisen Wasserwechsel. Falls Kunststoff-Fußboden vorhanden, ist das von Vorteil. Wasserspritzer lassen sich bei der Reinigung nur von pedantischen Aquarianern vermeiden. Wer teuren Teppichboden hat, deckt diesen mit Plastikfolie ab und legt vorsichtshalber einige Wischlappen aus.

Wer eine Wohnung neu einrichtet oder gar ein Haus baut, ist fein heraus. Er kann den günstigsten Platz von vornherein bestimmen. Hinter dem Becken, von wo gereinigt wird, verwendet man am besten Fliesen auf dem Fußboden.

Aber auch eine bereits eingerichtete Wohnung bietet meist genügend Platz, das neue Becken so aufzustellen, daß man es einerseits gut sehen kann und andererseits nicht gleich darüber fällt.

Das Aquarium sollte in den Größenverhältnissen den Möbeln angepaßt sein. Gerade bei Meerwasseraquarien ist zu beachten, daß kleine Becken mehr Pflege und Sorgfalt benötigen als große. Im allgemeinen gilt: Kleine Aquarien (60 und 80 cm) in kleine Räume, größere Becken (ab 1 m) für größere Räume ab 20 qm Grundfläche. Man benötigt in jedem Falle einen genügend stabilen Unterbau. Da gibt es im Handel zu den Beckengrößen jeweils passende Aquarienständer. Natürlich kann man für mehr Geld auch gleich eine passende Aquarientruhe in Palisander, Nußbaum oder weißem Kunststoff erwerben. Bei der Auswahl richtet man sich ebenfalls nach den vorhandenen Möbeln. Metallgestelle passen eigentlich überall hin. Den Unterbau kann der Tischler oder mit etwas Bastlergeschick der Aquarianer selbst verkleiden, um so die technischen Geräte, insbesondere den Außenfilter, die Luftpumpe, Ozonisator und andere Utensilien zu verbergen.

Aquarienständerfuß mit Höhenverstellschraube. Mit diesen Schrauben läßt sich das Bekken „in die Waage" setzen. Klavieruntersetzer als Unterlage. Je nach Beckengröße 10 – 15 cm $\varnothing$.

Bei der Aufstellung von Großbecken ab 1 m Länge muß man darauf achten, daß die Füße des Ständers sich infolge des hohen Gewichtes nicht in den Parkett- oder Kunststoffboden bohren.

Liste der technischen Ausrüstung

1. **Grundausrüstung**
   Aquarium
   Unterbau
   Heizer mit Thermostat,
   zusätzliche Heizung
   Beleuchtung
   Abdeckung oder Deckscheibe
   Filter
   Filtermaterial
   Luftpumpe
   Abschäumer
   Ozonisator
   Luftschlauch
   Lufthahn
   T-Stücke
   Ausströmer aus Keramik
   Dichtemesser, Leitwertmesser
   Thermometer
   Quarantänebecken mit Reglerheizer,
   Filterung, Luftpumpe, Dichtemesser
   und Thermometer
2. **Einrichtung**
   Meersalz
   Leitungswasser
   Umkehrosmosegerät
   Sand oder Kies, Muschelgrus,
   Blähtonbruch
   Dekorationsmaterial, wie Steine oder
   Dolomit, lebende Steine
3. **Fütterung**
   diverse Futtermittel zur abwechslungsreichen Fütterung
   Pinzette
   Holzstäbchen
   Plastikrohr 12 – 15 mm $\varnothing$
   (50 cm lang)
4. **Reinigung und Pflege**
   Vorratsbehälter 50 – 100 Liter
   (zum Wasserwechsel)
   2 Fangnetze
   Becherglas 1 – 2 l fassend oder
   durchsichtige große Kunststoffdose
   für Fischfang
   Scheibenreiniger mit rostfreien Klingen
   für Kunststoffbecken: Schwamm oder
   Plastikreiniger
   Bodengrundreiniger, z. B. Primus
   anschließbar an Luftpumpe
   2 Plastikeimer, 10 l
   2 x 2 – 3 m Absaugschlauch,
   ca. 15 mm $\varnothing$
   Rohr-Reinigungsbürste
   Wurzelbürste, zum Abbürsten von
   Steinen und Korallen
   Lupe 6-fach
   TetraTest pH II für Meerwasser
   TetraTest Nitrit und Nitrat
   Natronlauge oder „Korallenreiniger"
5. **Heilmittel gegen Krankheiten**
   Tetra Medica
   Tetra MarinOopharm
   Tetra GeneralTonic PLUS
   Jod

Das Aquarium

Ein vielfältig eingerichtetes Meerwasseraquarium mit Niederen Tieren und Fischen wirkt wie ein Ausschnitt aus dem Lebensraum Riff.

Quadratische oder runde Unterlegscheiben aus Metall oder Glas beschaffen! Damit läßt sich von vornherein Schaden vermeiden.

Holz-Aquarienschränke mit wassergeschützter, versiegelter Oberfläche passen sich in der Holzart ganz gut den Möbeln an, sofern man die gleiche Furnierart bekommt. Ist das nicht der Fall, so wählt man am besten eine weiße Oberfläche — das paßt fast immer. Man kann auch eigene Unterbauten verwenden oder selbst entwerfen und bauen (lassen). Eine Bank, mit dem gleichen Teppichboden bespannt wie der Fußboden, begeistert fast jeden. Man sollte den Plan dafür so entwerfen, daß man durch eine genügend große Klappe seitlich, von vorn oder, wenn das Becken kürzer als die Bank ist, von oben an die technischen Geräte gelangen kann. Ein derart gestalteter Unterbau paßt sich sehr gut allen Möbeln und dem ganzen Raum an. Die Höhe der Bank sollte je nach Länge des Beckens 40–50 cm betragen. Um das Ganze wirken zu lassen, nimmt man wenigstens ein Becken von 100 cm Länge und ca. 50 cm Höhe.

Kleinere Becken kann man auch auf einem vorhandenen Schränkchen (Kommode oder Truhe) unterbringen, sofern dieses genügend fest ist.

Wasser ist schwer! Bevor man das Becken mit Wasser füllt, setzt man den selbstgeschreinerten Unterbau einer hohen Belastungsprobe aus: Ein Meter-Becken mit 50 cm Höhe und 45 cm Tiefe faßt ca. 200 Liter Wasser — 200 kg. Hinzu kommen für Becken, Kies, Steine etc. noch einmal ca. 50 % = insgesamt ca. 300 kg. Fünf Erwachsene sollten sich gleichzeitig auf den Unterbau stellen und ihn auf Haltbarkeit prüfen.

Auch in eine Schrankwand läßt sich das Becken einbauen. Die Belastungsprobe dürfte hierbei allerdings schwierig sein. Man wählt also in jedem Fall ausreichend starke „Stempel", z. B. 4 x 8 cm Dachlatten, je 40 cm Beckenlänge. Ein 80 cm großes Becken benötigt somit sechs Stempel, die von der Unterseite der das Becken tragenden Platte bis auf den Boden reichen müssen. Eine dickere Platte (Einlegeboden), mind. 2 cm stark, und eine stabile Konstruktion (seitenverwindungsfest) sind weitere Voraussetzungen für die Aufstellung eines Beckens in der Schrankwand. Klemmen die Türen nach Aufstellung, so ist nicht genügend abgestützt worden.

Ein Zwergbarsch zwischen Scheibenanemonen. Dieser revierbildende Fisch braucht ausreichend Versteckmöglichkeiten.

Lippfische der Familie *Labridae*, wie dieser Ornament-Lippfisch, benötigen eine etwa 10 cm dicke Sandschicht, in die sie sich nachts eingraben können.

Im eigenen Haus bieten sich mannigfaltige Möglichkeiten, das Becken „einzubauen". Man kann es an eine raumteilende Wand setzen. Zweckmäßigerweise baut man die Wand unterhalb des Beckens als Schrank aus, um die Technik unterzubringen. Ideal ist ein Wasseranschluß in der Nähe (gleich im Schrank) und ein Wasserabfluß. Über den Wasseranschluß siehe S. 20 (Wasserqualität)!

Der Einbau des Beckens in eine Wand ist besonders beliebt. Man sollte das Becken jedoch nur von einer Seite betrachten können. „Zweiseitige" Becken lassen sich nur schwer einrichten.

Über dem Becken wird ein genügend hoher Raum für Beleuchtung freigelassen, dieser wird evtl. mit einer Klappe für Fütterung und Reinigung verschlossen.

Das Aquarium

Als erstes ist die Frage nach dem richtigen Becken zu beantworten. Es eignen sich mehrere Aquarientypen:

Typ 1: Ganzglas-Aquarium (aus mit Silikon-Kautschuk verklebten Glasscheiben)

Typ 2: Kunststoffbecken aus Plexi- oder Acrylglas

Mit Typen anderer Bauarten wurden wenig gute Erfahrungen gemacht. Als dauerhaft erwiesen sich bisher jedenfalls nur die angeführten Beckentypen. Ein Süßwasseraquarianer, der auf Meerwasser umsteigen will, tut gut daran zu prüfen, ob sein Becken den Anforderungen an ein Meerwasseraquarium entspricht. Eisen- und auch V2A-Becken eignen sich selbst bei noch so guter Versiegelung mittels bewährter Kautschuk-Lacke

Das Aquarium

nur für relativ kurze Zeit. Becken der oben angeführten Typen können meistens ohne große Schwierigkeiten von Süß- auf Meerwasser umgestellt werden. Lediglich gutes Auswaschen und Reinigen (**nicht mit Spülmitteln**) ist erforderlich. Heißes Wasser von ca. 60 °C und ein weicher Schwamm sind dafür völlig ausreichend. Man achte unbedingt darauf, daß durch die Sandkörnchen, die sich in jeder Ritze befinden, beim Auswischen keine Kratzer an den hochempfindlichen Glas- bzw. Kunststoffscheiben entstehen. Beim Glas sind diese nie wieder, bei Kunststoff manchmal durch spezielle Poliermittel wegzubekommen.

Welchen Aquarientyp Sie nun für sich auswählen, muß Ihnen überlassen bleiben. Für den Normal-Meerwasseraquarianer sind beide Typen empfehlenswert; und als Quarantänebecken, was zur Verfügung steht.

Nicht geeignet sind Eisengestell-, Messing- oder verchromte Becken. Mittels einer Epoxydharzschicht lassen sie sich einigermaßen seewasserfest herrichten. Meist aber hält die beste Konservierung nicht lange.

Ganzglasaquarien wie dieses sind zur Haltung von Meerestieren ideal.

Vor- und Nachteile der einzelnen Aquarientypen:

1. Ganzglas-Aquarium

Vorteile:	Nachteile:
modern aussehend	schwer (Gewicht)
Möglichkeit der Selbstanfertigung (Selbstgefertigte Becken werden jedoch lange nicht so sauber wie industriell gefertigte)	einzelne Scheiben schwer auszuwechseln

2. Plexiglasbecken

Vorteile:	Nachteile:
sehr leicht im Gewicht; gut als Quarantänebecken oder Wasservorratsbecken verwendbar	Scheiben zerkratzen leicht zu glatte Oberfläche, auf der sich Algen kaum ansiedeln können

Das Aquarium

Aquariengröße

Diese hängt selbstverständlich ab von der Größe und Anzahl der zu pflegenden Fische. Ein Meerwasserbecken sollte, wenn möglich, nicht unter 100 Liter Inhalt haben (ca. 80 cm Länge). Wasserverdunstung und -verschmutzung durch Futterreste und andere organische Stoffe (Kot, Mulm) fallen in einem größeren Becken wesentlich weniger ins Gewicht als in kleineren. Es ist dem Anfänger zu empfehlen, die Faustregel **„Nicht mehr als 1 cm Fischlänge auf 10 l Wasser"** zu beachten.

Behandlungsbecken für kranke Fische können kleiner gewählt werden.

Aquarienzahl

Der Anfänger wird sich fragen: Wieso Beckenzahl? Ich möchte ein Aquarium. Leider müssen Sie hier zur Kenntnis nehmen: Ein Meerwasseraquarium allein macht Sie nicht glücklich.

Im Normalfall findet das attraktiv eingerichtete und mit Ihren Lieblingstieren besetzte Becken seinen Platz im Wohnzimmer. Es besteht die Gefahr, durch Zukauf (neue Wünsche nach anderen Fischen hat nun einmal jeder Aquarianer) Krankheiten einzuschleppen, falls man die „Neuen" nicht vorher in Quarantäne hält (s. Krankheiten, Seite 68).

Sie benötigen also mindestens **ein weiteres Becken,** das ungefähr den halben Inhalt Ihres Schauaquariums, mindestens aber 60 l Inhalt haben sollte.

Sehr schnell werden Sie merken, daß auch zwei Becken Ihren Ansprüchen auf

Die Gelbe Demoiselle läßt sich leicht mit niederen Tieren zusammen halten.

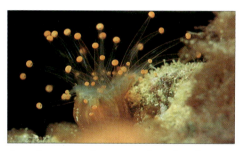

Pseudocorynactis spec., eine Juwelenanemone aus der Karibik.

die Dauer noch nicht genügen. Für welchen speziellen Zweck das dritte Meerwasserbecken benötigt wird, hängt ganz von der Entwicklung Ihrer Interessen ab. Die Pflege von wirbellosen Tieren (Schnecken, Muscheln, Seesternen, Anemonen usw.) zusammen mit Fischen in einem Becken ist zu Anfang nicht ratsam (s. S. 98 ff.). Mindestens zwei Becken sind also für jeden Meerwasseraquarianer unbedingt erforderlich. Wer den Platz dafür nicht hat, sollte nicht erst mit Meerwasser anfangen, denn wirklich krankheitsfreie Fische gibt es leider nicht. Ein drittes kleines Becken wird zur Algenkultur und ein viertes vielleicht zur Anzucht von *Brachionus* (Rädertierchen) benötigt.

Der Bodengrund

Als Bodengrund Ihres Meerwasseraquariums bieten sich mehrere Materialien zur Auswahl:
1. Lavakies
2. Muschelgrus
3. Blähtonbruch
4. Dolomitbruch

Die Materialien müssen gründlich unter fließendem Wasser durchgewaschen werden, um Staubteilchen zu entfernen. Eine Körnung von 5–7 mm ist am besten geeignet. Dunkelbrauner Untergrund läßt die Farben aller Beckeninsassen gut zur Geltung kommen. Wer es sich leisten kann, sollte Dolomitbruch verwenden. Dieser ist deshalb als Medium für Bodengrund und Filterung so günstig, weil sich in den winzigen Poren und Öffnungen auf Grund der größeren Oberfläche wesentlich mehr nützliche Bakterien ansiedeln als bei den meisten anderen Filtermedien, z.B. Quarzsand. Über das Auswaschen brauchen hier wohl keine ausführlichen Angaben gemacht zu werden. Jeder Zoofachhändler oder Süßwasseraquarianer kann das erklären. Zudem bindet Dolomitbruch Phosphat und hält den pH-Wert gut gepuffert auf ca. 8,3.

Bei Verwendung von Korallenbruch (in BRD nicht erlaubt) ein wichtiger Hinweis: Prüfen Sie genau, ob der Korallensand oder -bruch von anhaftenden Weichkörperresten frei ist. Die Reinigung ist im Kapitel „Dekoration" (s. S. 32) beschrieben.

Die Prüfung, ob Korallenbruch oder -sand frei von Eiweißresten sind, erfolgt folgendermaßen:

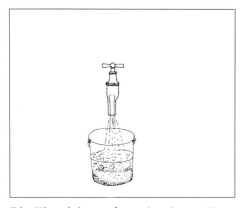

Die Kiesreinigung kann in einem Eimer vorgenommen werden.

1. Das Material wird in eine geeignete Plastikwanne oder einen Plastikeimer geschüttet und mit Meerwasser bedeckt.
2. Einige Tage warten.
3. Wasserprobe entnehmen und auf Nitrit prüfen. Es darf kein Nitrit nachgewiesen werden (s. S. 25).
4. Materialprobe entnehmen und auf Geruch prüfen. Die Probe, am besten vom Boden des Behälters entnommen, soll geruchfrei sein oder nach „Meer" riechen. Fauliger Geruch zeigt an, daß unbedingt eine Reinigung erfolgen muß.

Kiesschichtung (Seitenansicht), darunter grober Sand.

Lebensgemeinschaft aus niederen Tieren und Fischen, darunter Weißbandputzergarnelen *(Lysmata amboinensis)*, Seeanemonen und Orange-Ringelfisch *(Amphiprion ocellatus)*.

Korallenbruch muß in den allermeisten Fällen gereinigt werden.

Korallensand stammt von den Küsten der Vorkommensgebiete der Korallenfische und ist über Jahrtausende hinweg von See, Wind und Wetter ausgebleicht und in nahezu allen Fällen einwandfrei. Trotzdem sollten die oben beschriebenen Proben gemacht werden.

Unterscheidungsmerkmale: Korallenbruch ist gröber und scharfkantiger (eckig), Korallensand ist abgeschliffen und abgerundet.

Die Höhe des Bodengrundes soll vorn ca. $1/10$ der Aquarienhöhe betragen, zur Rückwand hin kann der Boden langsam ansteigen. Dadurch wird ein besserer Überblick ermöglicht. Viele Fische ebnen jedoch durch Wühlen das Bodengefälle bald wieder ein, ein terrassenförmiger Aufbau mit Steinen als Abstützung ist deshalb zweckmäßiger.

Das Aquarium

Das Wasser und seine Zubereitung

Meerwasser ist heute fast leichter herzustellen als fischfreundliches Süßwasser; das sagen wenigstens Süßwasseraquarianer.

Leitungswasser
+ Meersalz
= Meerwasser

Beim Meerwasser kann man das Leitungswasser (Trinkwasser) nicht immer nehmen, wie es kommt. Denn Wasser ist nicht gleich Wasser! In Köln z. B. hat das Leitungswasser einen Nitratgehalt von ca. 50 mg/l. Bereits 20 mg/l sind für wirbellose Tiere auf Dauer schädlich. Die heute eleganteste Lösung, hervorragendes Ausgangswasser für das Meerwasserbecken zu bekommen, bietet eine **Umkehrosmoseanlage**. Diese Anlage (z. B. ROWA, Osnabrück) bereitet auch in der kleinsten Ausführung ca. 100 – 200 l Wasser pro Tag. Für die Erstfüllung eines 500-l-Beckens benötigt man also 2 – 3 Tage. Für den späteren Wasserwechsel hat man immer etwa 100 l zubereitetes Meerwasser im Vorrat. Wer ein eigenes Haus hat, könnte sich einen 1000-l-Öltank mit Vorratswasser aufstellen. Das Wasser wird mit Meersalz beschichtet und ständig belüftet. Eine Beleuchtung ist nur dann erforderlich, wenn Algen in diesem Vorratswasser gehalten werden sollen.

Viele der heute im Fachhandel erhältlichen Meersalze sind zur Herstellung von brauchbarem Meerwasser geeignet. Es finden sich jedoch bei wissenschaftlicher Untersuchung Unterschiede. Lassen Sie sich am besten von Ihrem Zoofachhändler beraten, der Ihnen erläutern kann, inwiefern Qualitätsunterschiede eine Rolle spielen. Grundsätzlich sollten alle in Meerwasser vorkommenden Spurenelemente enthalten sein und beim Auflösen nicht verlorengehen. Gute Meersalze haben den Vorteil, daß man Tiere sofort nach 24stündiger Belüftung einsetzen kann. Andere Meersalze verlangen wegen ihrer Aggressivität eine Alterungszeit von 2 – 3 Wochen.

Meerwasserdichte

Die Dichte ist auch für einen erfahrenen Süßwasseraquarianer ein völlig neuer Begriff, es ist die „Salzigkeit", der Salzgehalt des Wassers.

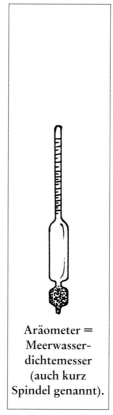

Aräometer = Meerwasserdichtemesser (auch kurz Spindel genannt).

Die Dichte wird mit dem Aräometer gemessen. Dieses kleine Gerät ist wichtig wie das Thermometer; beide sollte man regelmäßig kontrollieren. Es zeigt auf seinem aus dem Wasser herausragenden dünnen Teil auf einer leicht ablesbaren Skala die Dichte an. Genauer geht es mit einem Leitfähigkeitsmeßgerät, z. B. Tunze. Mit diesem Wert kann man den Salzgehalt in folgender Tabelle ablesen:

Das Aquarium

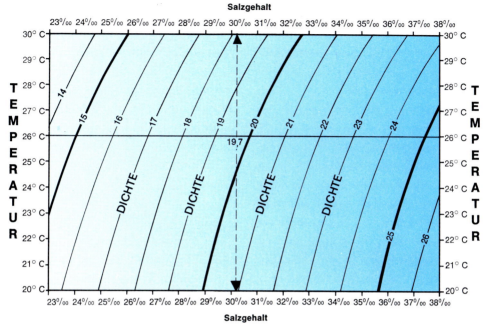

Verhältnis zwischen Wassertemperatur und Wasserdichte.

Tropische Meerwasserfische, wirbellose Tiere und Meeresalgen benötigen eine Dichte von 1.022 bis 1.024 (gemessen bei 25 °C).

Achten Sie darauf, daß Ihr Aräometer auf diese Temperatur geeicht ist. Viele Dichtemesser sind nur auf 15 °C geeicht (was aber meist nicht vermerkt ist). Diese zeigen bei 25 °C eine um $^3/_{1000}$ höhere Dichte an (z.B. statt 1.022 den Wert 1.025). Verwenden Sie am besten die Dichtemesser, die Ihr Fachhändler auch in seinem Becken hat.

Die Dichte wird erhöht, indem man mehr Salz ins Becken gibt, und verringert, indem man Wasser absaugt und frisches Leitungswasser hinzugibt.

Je nach Größe des Beckens müssen Sie die Dichte alle 1–4 Wochen überprüfen. Je kleiner das Becken, desto häufiger ist eine Kontrolle notwendig. Ein 200-l-Becken z.B. muß alle 2–3 Wochen kontrolliert werden. Das verdunstete Wasser wird durch Umkehrosmosewasser wieder ersetzt. Nach jedem Wasserwechsel muß die Dichte mit dem Aräometer geprüft werden.

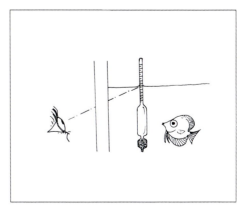

Das Ablesen des Aräometers erfolgt unterhalb der Wasseroberfläche.

Qualität des Wassers

Besondere Beachtung sollten Sie der Verwendung von heißem Wasser schenken. Dieses wird meist in einem Metallbehälter (Boiler) erhitzt. Der Behälter kann aus Kupfer oder aus verzinktem Eisenblech sein. Vergewissern Sie sich, daß Ihr Boiler nicht mit einem Kupferbehälter ausgestattet ist. Schon winzige Spuren gelösten Kupfers können für das Leben, insbesondere von niederen Tieren (z. B. Schnecken, Anemonen) gefährlich werden. Auch die Zuleitungsrohre Ihrer Warm- und Kaltwasserleitung dürfen nicht aus Kupfer bestehen.

Verzinkte Behälter sind nicht ganz so gefährlich wie kupferne. Ein älterer Boiler, der schon verkalkt ist (Kesselstein), gibt kaum noch giftige Metallspuren an das Wasser ab und ist daher zur Entnahme für die Meerwasserzubereitung weit besser geeignet als ein neuer.

In einem Neubau mit frisch verlegten Wasserleitungsrohren ist das entnommene Wasser also mit Vorsicht zu verwenden. Lassen Sie das Wasser aus der Leitung vor der Zubereitung des Meerwassers einige Minuten ablaufen, ehe Sie es benutzen. Sofern Sie sich eine Wasserleitung neu legen lassen wollen, wählen Sie am besten Kunststoffrohre.

Der Hinweis auf die Möglichkeit einer Gefahr in Ihrer Trinkwasser-Versorgungsleitung soll Ihnen nur aufzei-

Anthias squamipinnis in einem schönen Aquarium mit Wirbellosen.

gen, daß eine später unergründliche Fehlerquelle möglicherweise schon im Zubereitungswasser liegen kann. Der Vollständigkeit halber sei gleich noch auf eine andere Gefahrenquelle hingewiesen: Einigen Trinkwässern werden vom Wasserwerk Chemikalien zur Entkeimung zugesetzt. Erkundigen Sie sich bei Ihrem Wasserwerk, um was es sich handelt. Chlor z. B. ist selbst für die härtesten Fischarten schädlich. Entfernung von Chlor siehe nächstes Kapitel: „Meerwasserzubereitung". Auch Nitrat kann in dem Leitungswasser enthalten sein und ein Grünalgenwachstum verhindern.

Die Zubereitung von Meerwasser

Falls Sie ein Meerwasserbecken zum erstenmal einrichten, also noch wirklicher Anfänger auf diesem Gebiet sind, sollten Sie die vorhergehenden Ausführungen über die Qualität Ihres Leitungswassers besonders beachten.

Chlorzusatz im Leitungswasser kann für viele Fische schädlich sein, besonders dann, wenn die Chlorung in hoher Konzentration erfolgte. Bei schwacher Chlorung — man merkt es daran, daß das Wasser noch trinkbar ist — ist die Verwendung eines Entchlorungsmittels nicht notwendig. Das Chlor entweicht als Gas innerhalb weniger Stunden bei guter Belüftung und Filterung des frischen Aquariumwassers. Man setzt Fische ohnehin besser erst in frisches Meerwasser, wenn dieses mindestens einen Tag lang gut durchlüftet wurde.

In den meisten Fällen ist das Trinkwasser — zumindest das aus Ihrer Kaltwasserleitung — zur Zubereitung von künstlichem Meerwasser geeignet. Als zweckmäßig hat sich erwiesen, Meerwasser in Plastikbehältern, z. B. 10-l-Eimern, anzusetzen. Zwei bis drei Hände voll Salz werden in den Eimer gegeben. Unter ständigem Rühren mit einem Holz- oder Plastiklöffel oder mit der Hand läßt man Wasser zulaufen, bis der Eimer fast voll und das Salz gelöst ist. So wird Eimer um Eimer in Ihr neues Becken gegossen.

Beenden Sie den Füllvorgang, wenn das Becken etwa zu $4/5$ gefüllt ist.

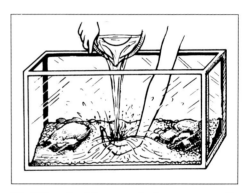

Einfüllen des Wassers mit darunter gestelltem Teller oder einfach mit darunter gehaltener Hand.

Nach Erwärmen des Beckeninhalts auf 25 °C kontrollieren Sie mit dem Dichtemesser die Meerwasserdichte; sie muß 1.020–1.024 betragen. Liegt der abgelesene Wert (betrachten Sie die Skala unterhalb der Wasseroberfläche) höher, so geben Sie unter vorsichtigem Verrühren so lange frisches Süßwasser hinzu, bis der Wert erreicht ist.

Liegt die Dichte tiefer als gewünscht, so füllen Sie das letzte Fünftel Wasser mit der gleichen Salzlösung auf, wie vorher beschrieben.

Dann geben Sie vorsichtig unter ständigem Umrühren weiteres Meersalz unmittelbar ins Becken, bis die nötige Dichte erreicht ist.

Eine schnellere Methode, Wasser und Salz ins neue Meerwasserbecken zu bringen, ist wie folgt:
1. Beckeninhalt ausrechnen
(Länge × Breite × Höhe in cm ergibt Inhalt in cm^3: 1000 = Liter)
z. B. 100 cm × 40 cm × 50 cm
$$= \frac{200\,000}{1000} = 200\,l$$
2. Erforderliche Salzmenge, z. B. zwei Beutel Salz für je 100 l Meerwasser bereitstellen.
3. Wasser ins Becken einfüllen.
4. Auf 24 – 25 °C aufheizen.
5. Salzmenge unter kräftigem Rühren und möglichst bei schon laufender Filterung (Wasserumwälzung) langsam ins Becken schütten.

Bei genauer Temperatureinstellung nach Aufheizung werden Sie dann wahrscheinlich feststellen, daß die Dichte zu hoch ist. Man vergißt nämlich leicht zu berücksichtigen, daß Sandboden, Steine oder Korallen die Wassermenge um einiges geringer werden lassen, als Sie für den Beckeninhalt errechnet haben.

Heben Sie deshalb etwa 10 % der errechneten Salzmenge zunächst auf. Bei nicht richtiger Dichte haben Sie dann noch leicht die Möglichkeit, etwas Salz nachzudosieren.

WASSERWECHSEL

Ausführlich lesen Sie darüber im Kapitel „Reinigung" (s. Seite 62).

Das Seepferdchen *(Hippocampus kuda)* gibt es gelb, schwarz und weiß.

Einiges über Aquarienchemie

Eine leicht verständliche Aquarienchemie soll vielen Aquarianern die biologischen und chemischen Zusammenhänge näherbringen. Leider sind chemische Begriffe nicht immer ganz leicht zu erklären. Es soll hier dennoch versucht werden:

Die wichtigsten chemischen Begriffe für den Meerwasseraquarianer sind:
1. Ammoniak (NH_3); Ammonium (NH_4)
2. Nitrit (NO_2)
3. Nitrat (NO_3)
4. pH-Wert
5. Ozon (O_3)
6. Sauerstoff (O_2)
7. Oxidation
8. Reduktion

Die ersten drei sind Stickstoffverbindungen. Sie sind die wichtigsten und kritischsten Faktoren im Meer- und

Süßwasser. Von ihrem möglichst geringen Gehalt im Wasser hängen das Leben und die Gesundheit Ihrer Fische ab. Sie entstehen alle aus eiweißhaltigen Futterresten, Kot und Urin (Stoffwechselendprodukte) der Fische und anderer Tiere.

1. AMMONIAK (NH_3); AMMONIUM (NH_4)

sind für den Aquarianer heute leicht mit den entsprechenden TetraTest-Indikatoren meßbar. Schon geringe Spuren von 0,01 mg/Liter sind für Fische giftig. Gegen Ammoniak-Vergiftung schützt man die Fische durch gute Wasserhygiene und sparsame Fütterung sowie schwache Beckenbesetzung. Ammoniak (NH_3) ist stark giftig. Diese Giftigkeit ist jedoch abhängig vom pH-Wert und von der Temperatur. Das (nicht ionisierte) Ammoniak (NH_3) verwandelt sich chemisch mit sinkendem pH-Wert in (ionisiertes) Ammonium (NH_4). Dieses hat ein Wasserstoff-Molekül mehr und kann die Haut des Fisches, welche als Membrane funktioniert, nicht mehr passieren.

Die nachstehende Tabelle zeigt die Einwirkung von pH-Wert und Temperatur auf den %-Anteil NH_3 in Ammonium/Ammoniak.

Der Paddelbarsch *(Chromileptes altivelis)* erreicht im gut gepflegten Aquarium ca. 30 cm Länge und kann recht alt werden.

Blauer Doktorfisch *Acanthurus coerulens adult* — blaue Form.

pH	Temperatur °C						
	22	23	24	25	26	27	28
7,8	2,8	3,0	3,2	3,4	3,6	3,8	4,0
7,9	3,5	3,75	4,0	4,25	4,5	4,75	5,0
8,0	4,35	4,7	5,0	5,3	5,6	5,9	6,2
8,1	5,4	5,8	6,2	6,55	6,9	7,35	7,8
8,2	6,7	7,2	7,7	8,1	8,5	8,9	9,3
8,3	8,3	8,95	9,5	10,0	10,5	11,0	11,5
8,4	10,2	11,0	11,6	12,2	12,9	13,5	14
%-Werte auf- und abgerundet							

Ammoniak-Werte (NH_3) in Abhängigkeit von Temperatur und pH-Wert.

Je höher der pH-Wert, desto höher der NH_3-Anteil. Bei 25 °C und pH 7,8 ist der NH_3-Anteil z.B. 3,4 %. Bei pH 8,3 (Idealwert) ist er schon 10 %. Das ist dreimal soviel! Also dreimal so giftig! Daraus folgert man leicht, pH-Wert und Temperatur möglichst niedrig anzusetzen. Bedingt ist das auch richtig. Es ergeben sich dann aber andere Nachteile für die Fische im Meerwasser.

Im Süßwasser dagegen hat man wegen der relativen Ungefährlichkeit des Ammoniak/Ammonium (pH-Wert liegt

DAS AQUARIUM

bei 7,0 bis 7,5) nicht soviel Schwierigkeiten. Hier liegt der Hauptgrund, warum Süßwasserfische einfacher zu pflegen sind als Meerwasserfische. Diese sind doppelt bis fünfmal so empfindlich wie Süßwasserfische. Das liegt daran, daß Meerwassertiere Schwankungen in der Wasserzusammensetzung viel weniger ausgesetzt sind als Süßwasserfische (Regenzeit). Meerwasserfische leiden z. B. sehr in der regenreichen Monsunzeit; oft sind die Tiere dann selbst im Meer krank.

2. NITRIT (NO_2)

entsteht durch biologischen Abbau des Ammoniaks mit Hilfe von Nitrosomonas-Bakterien. Diese Bakterien halten sich im Filter und am Aquarienboden auf. Nitrit ist mit Hilfe des TetraTest Nitrit-Indikators meßbar.

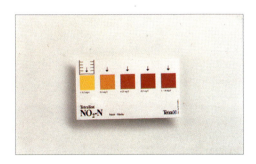

Ein Gehalt von 0,2 – 0,5 mg Nitrit/Liter Wasser ist auf die Dauer schädlich für Meerwasserfische. Darüber liegende Werte führen innerhalb weniger Stunden zum Tode. Schnelle Atmung kann ein Anzeichen für zu hohen Nitritgehalt des Wassers sein.

Es wird empfohlen, den Nitritgehalt nach Neueinrichtung täglich und nach ca. 10 Tagen jede Woche zu prüfen, bei Zeichen von Unbehagen der Fische öfter.

Nitrit-Abbau ist auch chemisch durch Ozon (O_3) möglich, siehe Kapitel Ozon (Seite 53).

Nitrit-Vergiftung siehe Kapitel Stromausfall (Seite 31).

3. NITRAT (NO_3)

Nitrat-Werte von über 30 mg/Liter sind schädlich für Grünalgenwuchs. Korallenpolypen schließen sich bei NO_3-Gehalt von über 50 mg/l. Fische können für einige Zeit Werte bis zu ca. 500 mg/l NO_3 vertragen.

Der für den gesunden Grünalgenwuchs so wichtige (niedrige) Nitratgehalt ist mit dem TetraTest Nitrat leicht meßbar. Nitrat ist an sich nicht giftig für Fische. Es liegt jedoch eine ständige Gefahr im Nitrat-Gehalt des Wassers: Durch **Reduktion** kann bei Ausfall der Durchlüftung nämlich aus dem ungiftigen Nitrat (NO_3) innerhalb ganz kurzer Zeit das giftige Nitrit (NO_2) entstehen. Ausreichende Durchlüftung bzw. Filterung, rasche Wasserumwälzung und damit schnelle Oberflächenbewegung sind Voraussetzung für ein gesundes Meerwasserbecken. Ein Becken sollte niemals so stark besetzt sein, daß ein Aussetzen der Filterung (Stromausfall) die Fische innerhalb kurzer Zeit töten kann. Die Reserve sollte im normalen Aquarium 5 – 8 Stunden betragen. Ein für diese Zeit evtl. durch Stromausfall abgestellter Außenfilter muß gereinigt werden, bevor man ihn wieder in Betrieb nimmt.

Nitrat entsteht durch biologischen Abbau von Nitrit durch die in Boden und Filter vorhandenen Bakterien (Nitrobacter).

Die nitrifizierenden Bakteriengruppen Nitrosomonas und Nitrobacter bereiten das Aquariumwasser biologisch auf und beeinflussen die NO_2- und NH_3-Werte günstig für die Fische. Ohne diese nützlichen Bakterien würde ein Leben der Fische im Aquarium auf Dauer nicht möglich sein.

Die Bakterienfauna entwickelt sich von selbst. Die Bakterien sind in geringer Anzahl überall vorhanden. Die Vermehrung geschieht im Aquarium unter günstigen Verhältnissen innerhalb von etwa 100 Tagen bis zur optimalen Menge. Ein guter Bodenfilter oder großer Außenfilter mit geeignetem Filtermaterial ist Voraussetzung dafür.

Die Aktivität des „biologischen Rasens" wird durch Medikamentenzugabe, insbesondere Kupfersulfat

Im Astgewirr erinnern die Fühler dieser Großen Putzergarnele *(Stenopus hispidus)* fast an ein Spinnennetz.

($Cu\,SO_4$), stark beeinträchtigt bzw. unmöglich gemacht. Nach einer Kupferbehandlung stirbt die gesamte biologisch wertvolle Bakterienfauna ab. Deshalb ist eine Behandlung von Fischen in einem besonderen Quarantänebecken so wichtig. Zur Beschleunigung der Bakterienvermehrung „impft" man das Wasser durch Zugabe einer Handvoll ungedüngter Gartenerde. Diese wird in einem Eimer aufgeschlämmt, das Wasser wird ins Becken gegossen, sobald es halbwegs klar geworden ist, d.h. der Schlamm sich gesetzt hat. Besser und schneller erhält man die erwünschte Bakterienkultur durch Zugabe einer Handvoll gebrauchter Filtermasse vom Becken eines befreundeten Meerwasseraquarianers. Diese Filtermasse gibt man in den eigenen Filter. Der Fachhandel bietet eingefahrenes Filtermaterial (Bioporon) an. Es ist in Mengen ab 5 kg über den Fachhandel zu beziehen.

Es wird mit ziemlicher Sicherheit vermutet, daß zu hoher Nitratgehalt nicht die alleinige Ursache für mangelndes Wachstum von Grünalgen ist. Vielmehr glaubt man heute, daß mit der langsamen Anreicherung von Nitrat in einem jeden Aquarium, das mit Lebewesen besetzt ist, die Anreicherung anderer Schadstoffe, z.B. Phenole, Schwefelverbindungen und weiterer Eiweißabbauprodukte einhergeht. Den Gehalt dieser Stoffe kann man an der gelben Wasserfarbe erkennen (Gelbstoffe), s. auch Seite 31 „Wasserfarbe". Mit regelmäßigem Wasserwechsel werden jedenfalls mit dem Nitrat auch die oben erwähnten Schadstoffe gleichzeitig reduziert.

Wer nicht regelmäßig alle 2 – 4 Wochen ¼ bis ⅓ seines Wassers im Becken wechselt, braucht sich über Mißerfolge nicht zu wundern.

4. pH-Wert

Um ihn braucht sich der Normal-Aquarianer am Anfang wenig zu kümmern, solange er die Regel für einen häufigen Wasserwechsel beachtet. Frisches Meerwasser besitzt nämlich eine den pH-Wert regulierende Wirkung.

Was heißt pH-Wert?
pH-Wert ist das Verhältnis von H^+- (Wasserstoff) und OH^--Ionen, ausgedrückt in einer Zahl.

pH 7 z.B. bedeutet: pH-neutral (das Wasser ist weder sauer noch alkalisch), das Verhältnis von H^+- bzw. OH^--Ionen in einer Wassermenge ist ausgewogen, d.h., es befindet sich die gleiche Anzahl beider in dem Wasser.

pH-Wert	0 1 2 3 4 5 6 7 8 9 10 11 12 13 14
Reaktion	sauer ← ↑ → alkalisch
	(mehr freie H^+-Ionen) neutral (gleich viele freie H^+- und OH^--Ionen) (mehr freie OH^--Ionen)

Meerwasserfische benötigen einen pH-Wert von 7,8 bis 8,3. Meerwasser ist also leicht alkalisch. Diese Alkalität wird durch seinen Gehalt an den Salzen der Karbonathärte CO_3^{2-} und HCO_3^- im Verhältnis 6:1 erreicht und auch über längere Zeit hinweg aufrechterhalten (gepuffert).

Mit zunehmendem Alter (Verschmutzungsgrad) des Wassers sinkt der pH-Wert jedoch langsam unter pH 8.

Dann wird es höchste Zeit, einen Wasserwechsel vorzunehmen. Das Absinken des pH-Wertes kommt vor allem durch die Atmung der Fische, aber auch die Stoffwechselprodukte tragen dazu bei. Eine abnorm schnelle Atemtätigkeit der Fische kann ein Zeichen für einen zu niedrigen pH-Wert sein.

Bestimmung oder Prüfung des pH-Wertes

Die Bestimmung wird mittels einfach zu handhabender pH-Indikatoren durchgeführt, z.B. TetraTest pH. Heute mißt man den pH-Wert vielfach elektronisch und regelt ihn über CO_2-Zugabe aus einer Kohlendioxidflasche.

5. Ozon (O_3)

Mit einem Ozonisator kann man ebenfalls das giftige NO_2 in NO_3 umwandeln. Bei starker Ozonisierung sollte der Nitrit-Gehalt jedoch häufig überprüft werden, denn sobald sich kein Nitrit mehr im Wasser befindet, kann auch Ozon für Fische giftig werden. (Ozondosierung s. Kapitel Ozonisator.) Ozon besteht aus drei Sauerstoff-Atomen (O_3). Ins Wasser geblasen, zerfällt es sehr schnell in Sauerstoff O_2 und O. Dieses dritte O kann sich nun mit Nitrit (NO_2) verbinden und dieses damit zu Nitrat (NO_3) oxydieren.

$$NO_2 + O_3 = NO_3 + O_2$$
Nitrit + Ozon = Nitrat + Sauerstoff

Oder das O-Atom, welches instabil (unbeständig) ist und schnellstens nach einem „Partner" sucht, „verbrennt" oder oxydiert kleinste Teilchen, wie z.B. Bakterien. Die häufigste Verbindung, die die freien O-Atome eingehen, ist die mit einem anderen freien O. Dann entsteht normaler (molekularer) Sauerstoff (O_2) ($O + O = O_2$).

Wird dauernd zuviel Ozon (O_3) ins Becken gegeben, verbrennen (oxydieren) Haut und Kiemen der Fische. Ursache sind die freien O-Atome, die wie beschrieben nach geeigneten „Partnern" suchen.

6. Sauerstoff (O_2)-Gehalt des Wassers

Den Sauerstoffgehalt kann man messen (TetraTest O_2). Im allgemeinen erübrigt sich das jedoch. Voraussetzung für genügende Sauerstoffanreicherung sind starke Durchlüftung mit feinperligen Ausströmern und keine sauerstoffzehrenden Herde im Aquarium (verschmutzte Filter, fauler Bodengrund etc.).

Der Sauerstoffgehalt ist stark von Temperatur und in geringem Maße auch von der Dichte (dem Salzgehalt) abhängig.

Bei steigender Temperatur nimmt je 5°C der Sauerstoffgehalt um etwa 10% ab.

Beispiel: Sauerstoffgehalt in Meerwasser mg pro Liter, gemessen bei einer Dichte von

	1,0225	1,0245	1,0255
20 °C	5,44	5,38	5,31
25 °C	5,00	4,94	4,85
30 °C	4,56	4,50	4,44

und etwa 100 % Sauerstoffsättigung.

Daraus ergibt sich die Regel, daß zu hohe Temperaturen im Meerwasseraquarium schaden können (s. Seite 49, Kapitel „Heizung").

Der Mindestsauerstoffgehalt im Aquarium sollte 5 mg/l = 5 ppm. sein, besser ist ein Gehalt von 6–7.

7. Oxidation

ist ein chemischer Vorgang, bei dem Sauerstoff verbraucht (gebunden) wird, z.B. ist die Umwandlung von Nitrit (NO_2) in Nitrat (NO_3) eine Oxidation.

Im Aquarium soll sich ständig ein leichter Überschuß an Sauerstoff befinden. Diesen Zustand nennt man „oxidierend". Nur bei Sauerstoffüberschuß können die Nitrobacter aus Nitrit (NO_2) Nitrat (NO_3) erzeugen.

Stickstoff-Kreislauf

Durch organische Substanzen, wie Fischkot, Fischurin, Futterreste und abgestorbene Tiere und Pflanzenteile, gelangt Protein (Eiweiß) ins Aquariumwasser. Protein ist ein Komplex kompliziert zusammengesetzter Stickstoffverbindungen. Der Abbau derselben verläuft über Ammoniak/Ammonium zu Nitrit und zu Nitrat (siehe Darstellung, blaue Linien). Wasserpflanzen und Algen nehmen einen Teil der entstandenen Nitrat-Ionen (und der Ammonium-Ionen) auf und vermindern damit den unerwünschten Gehalt des Wassers an Stickstoffverbindungen. Bei Mangel an freiem Sauerstoff (Reduktion) entsteht aus einem Teil des restlichen Nitrates wieder Nitrit und bei noch erheblicherem Mangel daraus wieder Ammonium/Ammoniak.

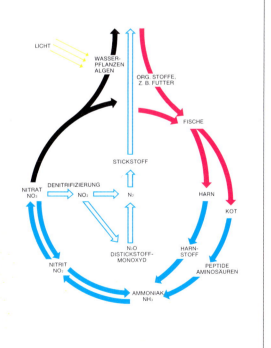

Der Dreifleck-Riffbarsch *(Dascyllus trimaculatus)* ist eine robuste aber gegenüber Artgenossen und anderen Fischen aggressive Art.

8. REDUKTION

ist ein chemischer Vorgang, bei dem Sauerstoff abgegeben (frei) bzw. Wasserstoff gebunden wird, z. B. ist die Umwandlung von Nitrat (NO_3) in Nitrit (NO_2) oder Nitrit (NO_2) in Ammoniak (NH_3) ein reduzierender Vorgang. Das kann bei Sauerstoffmangel sehr gefährlich sein. Nitrat (NO_3) läßt bei Ausfall des Durchlüfters und infolge des Sauerstoffverbrauchs durch die Atmung der Fische schnell Sauerstoffmangel entstehen. Die Bakterien im Bodengrund oder im Filter können nämlich ebenfalls nicht mehr „atmen" bzw. nicht mehr oxidierend wirken. Aus dem ungiftigen Nitrat entsteht das giftige Nitrit. Die Fische leiden, atmen schneller und gehen schließlich ein. Bei frühzeitigem Wasserwechsel und somit ständig niedrigem Gehalt an Nitrat kann solche durch Reduktion hervorgerufene Vergiftungsgefahr nicht entstehen.

Auch die regelmäßige Pflege und das Auswaschen des Filtermaterials sind von großer Bedeutung. Ein verschmutzter Filter kann nach Stromausfall eine durch Reduktion hervorgerufene starke Nitritanreicherung zur Folge haben und damit sehr schnell den Tod der Fische! (s. Seite 41 „Außenfilter").

Die Wasserfarbe als Gütetest

Das Wasser soll stets glasklar durchsichtig sein. Folgende Färbungen können auftreten:

A) weißlich trüb
Ursache: Bakterienvermehrung, meist auf Grund übermäßiger Fütterung. Die Bakterien sind schädlich, weil sie Sauerstoff verbrauchen und giftige Stoffwechselprodukte ausscheiden. (Falls das Wasser schon faulig riecht, ist es sofort ganz zu wechseln).
Abhilfe:
1. UV-Bestrahlung, bis Trübung verschwunden ist, und/oder
2. Ozonisierung ca. 25–30 mg/Std. pro 100 l Aquariumwasser. Diese Ozonmenge kann laufend zugegeben werden, ohne daß die Fische oder andere Tiere Schaden erleiden; oder
3. Wasserwechsel (+1 oder 2) und/oder
4. Filterung über Schaumstoff-Filter in kleineren Becken mit Brillant Super und
5. Einstellen der Fütterung für ca. 2–3 Tage. Futterreste und Mulm absaugen.

B) gelblich
Ursache: Eiweiß-Abbauprodukte, wie Phenole, Schwefelverbindungen etc. (Gelbstoffe)
Abhilfe: Schnellstens Wasserwechsel.
Kontrolle: Ein weißer Porzellanteller, ins Wasser gehalten, erscheint deutlich gelblich. Besonders, wenn er nur halb eingetaucht wird, sieht man leicht den Unterschied.

C) grünlich (tritt sehr selten auf, meist im Frühjahr)
Ursache: Massenentwicklung einzelliger Algen (sog. Wasserblüte)
Abhilfe: Kupfersulfat (bitte nicht ins Schaubecken)
oder
Tetra GeneralTonic PLUS (GeneralTonic **und** Kupfer zusammen ist tödlich für Fische)
oder
UV-Bestrahlung (die Algen ballen sich zusammen und können dann herausgefiltert werden)
oder
Filterung über Schaumstoff und gleichzeitig starke Ozonisierung
oder
vollständiger Wasserwechsel
oder
Einsetzen von lebenden *Artemia*-Nauplien (s. Kapitel „Futter"). Die Nauplien fressen die Algen
oder
völlige Abdunkelung des Beckens für mindestens zwei Tage und gute Filterung. Danach Filterreinigung!

D) rötlich
Ursache: 1. Blaualgen (sehr selten)
Abhilfe: wie bei C
Ursache: 2. Nebenerscheinung bei Gaben von Antibiotika, z.B. Tetracyclin gegen Krankheiten.
Abhilfe: nach Heilung mindestens ⅘ Wasserwechsel.

Die Innengestaltung des Aquariums

Die Dekoration in Ihrem Meerwasserbecken kann aus verschiedenen Materialien bestehen.

Geeignet sind: Kieselsteine, Sandsteine (ohne Metalleinschlüsse), Kalkgesteine (Dolomit, Marmor), Urgesteine (Basalt, Porphyr, Granit), Lavabrocken, Schieferplatten, Plastikkorallen, lebende „Steine". Korallenskelete sind in Deutschland nicht mehr zulässig.

Die heute gängigste Methode, ein Meerwasserbecken zu dekorieren, ist die mit Dolomitgestein kombiniert mit „Lebenden Steinen". Außerdem stehen die vom Gewicht her leichteren Blähtonsteine in den drei Farben Blau, Ocker und Terrakotta zur Verfügung. Diese Blähtonsteine werden von allen Tieren willig angenommen und schnell von diesen besiedelt; das Foto von kleinen Kalkröhrenwürmern beweist dieses. Auch *Amphiprion* laichen auf diesem Gestein gern ab. Man kann sich Farben und Brockengröße beim Zoofachhändler aussuchen. Sehr gut sieht eine Mischung aus allen drei Farben aus.

Beim Aufbau der hinteren Felsenriffwand werden Nischen gelassen, in die man später lebende Steine z. B. mit Blumentieren einsetzt.

Nicht geeignet sind: Holz, Steinholz, Metallgegenstände.

Nach dem Aufbau der Dekoration unterscheidet man Felsküstenbecken oder Korallenriffbecken. Der Aufbau kann in loser Form erfolgen, vielfach wird jedoch bevorzugt, ganze Rückwandaufbauten miteinander zu verkleben. Dafür ist z. B. Epleplast (vom Zoofachhandel) geeignet.

Der Anfänger sollte aber nur einzelne Korallen (unter „Korallen" sind hier nur die Kalkkörper abgestorbener Korallenstöcke, die Korallenskelette, zu verstehen, wie sie im Handel erhältlich sind) und/oder einzelne Steine in sein Becken bringen, denn die Kontrolle ganzer Aufbauten ist viel schwieriger. Einzelne Dekorationsstücke lassen sich zudem leichter zur Reinigung aus dem Becken herausnehmen als zusammengeklebte Aufbauten.

Die Reinigung von Korallen und Korallenbruch ist mehrfach in der Meerwasserliteratur beschrieben worden. Bewährt hat sich folgendes Rezept:

Eine 5%ige Natronlauge für 1 – 2 Wochen auf die Korallen gießen, so daß sie vollständig bedeckt sind. Danach in Klarwasser wässern (mindestens zwei Wochen und 4 – 5mal Wasserwechsel).

Vorsicht, Natronlauge ist stark ätzend! Man verdünnt die in der Apotheke erhältliche 40%ige Lauge vor der Anwendung zunächst mit 7 Teilen Wasser:

7 Liter Wasser und 1 Liter Lauge. Diese Mischung gießt man auf die Korallen.

Es kann auch der im Fachhandel erhältliche Korallenreiniger verwendet werden (s. Gebrauchsanweisung).

Nach dem Wässern mißt man den pH-Wert des zur Wässerung verwendeten Wassers, welches man in einer Plastikwanne nach dem Abstellen des fließenden Wassers hat stehen lassen. Da man Süßwasser zur Wässerung genommen hat, darf der pH-Wert kaum höher

Ein schönes Meerwasseraquarium.

als der des verwendeten Leitungswassers liegen, also um 7,0. Dann hat man die Gewähr, daß sich keine Natronlauge mehr im Korallenkies befindet.

Die Wässerung nach der Reinigung ist unbedingte Voraussetzung für unbedenkliche Verwendung der Korallen im Aquarium. Die im Handel erhältlichen Korallen enthalten fast immer noch getrocknete Eiweißreste der abgestorbenen Korallenpolypen und müssen daher von diesen fäulniserregenden und giftigen Ammoniak und Nitrit erzeugenden Stoffen befreit werden. Geschieht das nicht, kann selbst ein einziges Korallenstück für Monate ein gefährlicher, ja tödlicher Herd für Fische und andere Tiere im Meerwasserbecken sein.

Gerade die Nichtbeachtung dieser wichtigen Regel durch einen Anfänger bringt die meisten Mißerfolge (tote Fische!). Wenn Sie nicht sicher sind, ob die Korallen in Ordnung sind und Sie diese nicht richtig reinigen können oder wollen, so lassen Sie Korallen zunächst ganz aus dem neuen Becken fort.

Die immer wieder veralgenden Korallenstöcke kann man auch durch Abbürsten nicht wieder so schön weiß bekommen wie sie zu Anfang waren. Man hilft sich deshalb durch zwei vollständige Dekorationssätze, ein Satz befindet sich jeweils in der „Reinigung" (Natronlauge), der zweite Satz im Becken. Alle 8 Wochen tauscht man nach sorgfältiger Wässerung die gereinigten Korallen gegen die veralgten aus. Man hat dann stets schöne, weiße Korallen im Aquarium.

Steine fast jeder Art sind für das Meerwasserbecken zur Dekoration verwendbar. Lediglich (zumeist bräunlich gefärbte) Sandsteine enthalten oft Eisenspuren und sind dann nicht geeignet. Reinweiße Steine, insbesondere weiße Kieselsteine und Marmor sowie rötliches Lavagestein dagegen eignen sich hervorragend, vor allem auch **Dolomitgesteine.** Die letzteren sind wegen der rauhen Oberfläche und der darin befindlichen Höhlungen eigentlich **die** Dekorationssteine für Meerwasserbekken. Leider sind sie in Deutschland schwer erhältlich. In einigen Aquarien-Zeitschriften werden Bezugsquellen nachgewiesen.

Das Aquarium

Korallen

Korallen zählen zu den wirbellosen Tieren. Nach der Struktur unterscheidet man für das Aquarium folgende Sorten:

Hornkorallen: Flache, reich verzweigte, meist zur Rückwanddekoration verwendete Korallenstöcke. Diese dürfen nicht wie die nachfolgend aufgeführten Korallenarten in Natronlauge gereinigt werden. Hornkorallen reinigt man durch Auslaugen in einem geeigneten Plastikbehälter mit frisch angesetztem Meerwasser über mehrere Wochen hinweg, jedoch nicht im Aquarium, welches mit Fischen besetzt ist. Durch Bakterien werden langsam die Eiweißreste abgebaut. Eine schnellere Reinigungsmethode ist das Abbürsten mit verdünnter Salzsäure und anschließendem kräftigen Spülen mit Süßwasser. Diese Prozedur muß mehrere Male wiederholt werden. Bevor die Hornkorallen ins Aquarium gebracht werden, ist sorgfältig zu prüfen, ob sich noch Eiweißreste daran befinden. Dies geschieht am besten durch eine Geruchsprobe und durch Messung des zum Auslaugen verwendeten Meerwassers auf Nitritgehalt.

Kalkkorallen haben als natürliche Nahrung einer ganzen Reihe von Meerwasserfischen in der Natur eine besondere Bedeutung. Die Pflege lebender Korallen ist für den Anfänger nahezu unmöglich. Nur wenige Arten lassen sich über einige Monate hinweg lebendig im Aquarium erhalten.

Die Fotos geben nur einen kleinen Überblick über die Vielfalt und den Formenreichtum.

Die Reinigung der Korallenstücke ist im Kapitel „Bodengrund" beschrieben. Rundliche, flache und nicht verzweigte Korallenarten sind reine Dekorationsstücke für das Auge des Aquarienpflegers, während die verzweigten Korallen für einige Fischarten gute Versteckmöglichkeiten bieten. Diese Fische ziehen

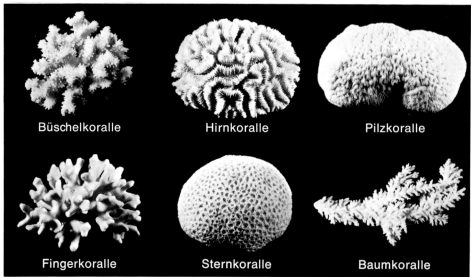

Sechs der häufigsten zur Aquariendekoration verwendeten Korallenarten. Es gibt diese inzwischen aus Kunststoff, was dem Schutz der Korallenriffe zugute kommt.

sich bei Gefahr, die ihnen von Artgenossen oder anderen angriffslustigen Beckeninsassen droht, in die Zweige von z. B. Hirschgeweihkorallen zurück.

In der Natur, d.h. in lebendigem Zustand, sind die Korallen wesentlich farbiger, z.B. rosa, gelblich oder hellblau; mit ihrer weißen, skelettartigen Färbung, die sie im Aquarium annehmen, weichen sie von diesem Erscheinungsbild erheblich ab. Lediglich bei der Orgelkoralle aus dem Pazifik bleibt die schöne rote Färbung auch nach dem Auslaugen und im Aquarium voll erhalten. Orgelkorallen bilden zu den weißen Korallenskeletten anderer Arten einen schönen farblichen Kontrast.

Die Orgelkoralle ist so weich, daß man mit einem Messer Löcher hineinbohren kann. Der Handel mit dieser wunderschönen Koralle ist jedoch verboten.

Die weißen Kalkkorallen lassen sich durch verschiedenfarbige Kautschuklacke färben, bitte überzeugen Sie sich vor der Verwendung, ob die Farben ungiftig für das Meerwasseraquarium sind. Das Einfärben von weißen Korallen ist Geschmackssache und beeinträchtigt die Farbwirkung der Korallenfische.

Weiße Kalkkorallen, kombiniert mit roten Orgelkorallen auf weißem Korallensand, dazu die bunten Fische und evtl. ein blauer Hintergrund aus Pappe sind die Farbkontraste, die sich ein Laie im Meerwasser-Aquarium vorstellt. In Wirklichkeit werden die weißen Korallen aber schnell von verschiedenfarbigen Algen überwachsen, im günstigsten Fall von grünen Fadenalgen. Gegen die grü-

Die rote Orgelkoralle *(Tubipora musica)* darf nicht gehandelt werden.

Die verzweigte Hirschgeweihkoralle bietet kleinen Riffischen Schutz (hier *Pomacentrus mollucensis*).

nen Algen hilft, wie schon zuvor beschrieben, das Einsetzen von ein oder zwei algenfressenden Fischen, gegen die übrigen Algenarten hilft lediglich vierzehntägige Reinigung. Einmal mit kurzwüchsigen Algen überwachsene Korallen lassen sich nur schwer mit Bürste und Wasser wieder sauber bekommen. Wer es grün liebt, beläßt die Algen auf den Korallen, das dürfte in jedem Falle für die Fische nützlich sein, denn die Algen entziehen dem Wasser laufend verschiedene schädliche Stoffe.

Die Algen, Pflanzen des Meerwassers

Es gibt im Meerwasser eine ganze Reihe von Pflanzen. Meist handelt es sich um niedere Pflanzenarten, um Algen. Wenige Algen nur ähneln den Pflanzen eines Süßwasseraquariums.

Nach der Neueinrichtung eines Meerwasserbeckens treten zunächst braune Schmieralgen an den Scheiben und an den Dekorationsstücken sowie auf dem Bodengrund auf. Das sieht zwar unschön aus, ist aber normal. Nach zwei Wochen jedoch beginnen grüne Algen zu wachsen, unbedingte Voraussetzung hierfür ist richtige Beleuchtung (s. Seite 46).

Erst eine Woche nach Beginn des Wachstums der grünen Algen sollten Fische und höhere Algen wie *Caulerpa* in das neue Becken gesetzt werden.

Kriechsproßalge *(Caulerpa prolifera)*.

Die vielfach empfohlene Kriechsproßalge *Caulerpa prolifera* hält sich bei sachgemäßer Pflege lange Zeit recht gut, sofern man nicht pflanzenfressende Fische oder bestimmte wirbellose Tiere pflegt.

Der erfahrene Meerwasseraquarianer hält sich ein (ausgedientes) Aquarium ausschließlich für Algen. Üppiger Wuchs von grünen Fadenalgen auf mehreren faustgroßen Steinen oder Korallenstücken gereichen diesem Becken zwar nicht unbedingt zur Zierde, aber vielleicht eines Tages einigen neu hinzugekauften Fischen zur Rettung, wenn diese Fische nämlich keine andere Nahrung zu sich nehmen wollen.

Sie können sich einen kleinen Algenvorrat leicht selbst anlegen, wenn Sie eine Kühltruhe zur Verfügung haben. Der Autor hat stets die bei der Aquarienreinigung anfallenden Grünalgen gesammelt, gut in einem Fangnetz durchgespült und sofort eingefroren. Diese Algen-Tiefkühlkost hat bisher noch kein algenfressender Fischneuling verweigert. Ist Algenwachstum erwünscht, so wechseln Sie bitte das Wasser, spätestens, sobald das Wasser leicht gelb wird.

Caulerpa prolifera wird links vorgestellt. Die immer höhere Qualität des künstlich hergestellten Meerwassers wird durch bessere Technik und letztlich durch bessere Lichtquellen heute so vervollkommnet, daß sich auch andere *Caulerpa*-Arten im Aquarium halten und sogar vermehren.

Aus der Gattung *Caulerpa* sind etwa 70 Arten und Unterarten bekannt, von denen hier nur einige vorgestellt werden

DAS AQUARIUM

Lichtwerte, die das Wachstum von *Caulerpa cupressoides* (Geweihcaulerpa) fördern, werden auch den Bedürfnissen seßhafter Wirbelloser, wie dieser *Discosoma*-Art, gerecht.

können. Diese Gattung der höheren Algen wurde in den letzten 10 Jahren so bekannt und häufig eingesetzt wie manche Wasserpflanzen im Süßwasseraquarium.

Tatsächlich verwendet der Meerwasser-Aquarianer diese Algen als regelrechten Pflanzenersatz, besonders in Becken mit wirbellosen Tieren. Eine ganze Anzahl von Fischen, z.B. alle Doktorfische, können mit diesen Algen nicht gut gehalten werden, da sie den Fischen als Nahrung dienen.

Die Sprosse der Algen wachsen immer dem stärksten Licht zu. Sie verzweigen sich seitwärts, wenn das Licht von vorn, zum Beispiel Tageslicht, kommt, und sie wachsen sehr schnell in die Höhe, wenn das Licht wie üblich von oben kommt. Gutes Algenwachstum erzielt man nur mit starker Beleuchtung. Drei bis vier Leuchtstoffröhren oder noch besser HQI-Lampen sind für das gute Algenwachstum erforderlich. HQL-Lampen sind nicht gut geeignet; sie fördern das Blau- oder Schmieralgenwachstum.

Neben Fischarten nehmen jedoch auch Wirbellose, wie Schnecken, einige Würmer, einige Seeigel usw., die Algen als Nahrung an. Wenn man eine übermäßige Vermehrung hat, so kann man die überzähligen Algen abernten und einfrieren. In der Natur werden die *Caulerpa* von Schildkröten und Seekühen und auch vom Menschen gegessen.

Die meisten *Caulerpa*-Arten verlangen ein ganz klares strömungsreiches Wasser. Trübe Stoffe verübeln sie, denn die Blätter brauchen zum Gasaustausch eine unverschmutzte Oberfläche. Sofern *Caulerpa*-Arten gut im Aquarium wachsen, gibt es auch kaum Probleme mit anderen unerwünschten Algenarten.

Die Algen bekommt man im Fachhandel. Manchmal holt man sie sich auch mit lebenden Steinen ins Aquarium. Man sollte mit einfachen Arten, z.B. *C. prolifera* und *C. taxifolia* anfangen und später verschiedene Blasenalgen hinzunehmen. Die meisten *Caulerpa*-Arten siedeln auf grobem Sandboden oder auf Kalkgestein, andere wiederum, wie *Caulerpa racemosa* var. *uvifera* sind sehr anpassungsfähig und nicht an ein bestimmtes Substrat gebunden. Ihre Ausläufer überwuchern Steine und andere Dekorationsteile im Aquarium. Mitunter überwuchern sie auch festsitzende Blumentiere und andere Algenarten, die nicht so vermehrungsfreudig sind. Hier muß man von Zeit zu Zeit etwas auslichten.

Dekorative, buschige Grünalge, die von den Fischen nicht gefressen wird.

Wenn man verschiedene *Caulerpa*-Arten erfolgreich pflegt und vermehrt, so darf man sich schon zu den fortgeschrittenen Meerwasser-Aquarianern zählen. In diesem Stadium kann man zu den Algen gut kleinere Fische setzen.

Bräunliche, rote und schwarze Schmieralgen zeigen neben unzureichender Wasserqualität auch eine zu geringe Lichtmenge an. Falls sich durch Wasserwechsel kein Wachstum grüner Algen erzielen läßt, ist die Lichtmenge zu erhöhen, Nitratgehalt des Leitungswassers zu kontrollieren und der pH-Wert zu überprüfen.

Auf veralgten Stellen der Scheiben zeigen sich nach einiger Zeit manchmal weiße, winzige Kleinkrebse, die pfenniggroße Löcher in die Algenschicht fressen. Die kleinen Krebse sind harmlos für Fische.

ALGENSTERBEN

Durch Medikamentenbehandlung, insbesondere durch Kupferung, werden die wichtigen Grünalgen schnell abgetötet. Sie zerfallen im Meerwasser und setzen die vorher aufgenommenen Giftstoffe wieder frei. Durch sterbende Algen kann es also zu einem unerklärlichen Fischsterben kommen. Das ist ein Grund mehr, sich für die Medikamentenbehandlung ein Quarantänebecken einzurichten.

ALGENBEKÄMPFUNG

Algenbekämpfungsmittel im Meerwasser soll man nur anwenden, wenn noch keine Algen vorhanden sind; denn die Bekämpfung von verschiedenen Algen durch Algenbekämpfungsmittel birgt die Gefahr der Fischvergiftung in sich.

Grüne Fadenalgen und *Caulerpa prolifera* bedeuten gute Wasserverhältnisse

Rote Blaualgen bedeuten schlechte Wasserverhältnisse

Am wirksamsten dezimiert man den Grünalgenwuchs durch Einsetzen von einigen algenfressenden Fischen, s. Futtertabelle, z. B. sorgt ein einziger Doktorfisch von 10 cm Länge (*Paracanthurus hepatus*) für ein von langfaserigen Algen freies Becken; kurzfaserige Algen sind zumeist nicht so störend. Wenn es sich um braune Kieselalgen oder Blaualgen handelt, deutet dies auf eine Wasserverschlechterung hin oder auf zu niedrige Lichtmenge. Auf den Aquarienscheiben kann man die kurzwüchsigen Algen leicht mit einem Magnetscheibenreiniger oder einem Klingenreiniger entfernen. Gegen Blaualgen hilft TetraFungiStop. Es enthält Silber und ist nicht unbedenklich.

Korallen und Steine reinigt man in einem Eimer mit Meerwasser mittels einer Wurzelbürste.

Gutes Grünalgenwachstum im Meerwasserbecken ist das sicherste Anzeichen für ein einwandfreies Meerwasser, das wiederum Voraussetzung für gesunde Fische ist. Deshalb sollten Algen nach Möglichkeit im Becken belassen werden. Sie erfüllen einen nützlichen biologischen Zweck. Zu ihrem Wachstum benötigen sie Düngestoffe, z. B. Nitrat und verschiedene Spurenelemente. Nitrat entsteht bekanntlich durch den biologischen Abbau des Nitrits und braucht daher nicht zugeführt zu werden. Phosphat ist ebenfalls (zu reichlich) vorhanden. Andere Stoffe wie Jod usw. führt man mit Futter und den handelsüblichen Spurenelementen und/oder dem regelmäßigen Wasserwechsel zu (TetraVital).

Leider wird Meerwasser viel zu wenig gewechselt, einfach aus Unkenntnis. Die entstehenden Nitratmengen verbleiben so zu lange im Wasser und hemmen dann das Algenwachstum. *Caulerpa* z. B. verträgt auf die Dauer nicht mehr als 20 mg Nitrat (NO_3) pro Liter Aquariumwasser. Braune Kiesel- bzw. Schmieralgen vertragen Nitratmengen bis über 300 mg NO_3 pro Liter, Blaualgen ca. 150 mg NO_3 pro Liter.

Am Algenwachstum eines länger eingerichteten Beckens kann man den

Das Aquarium

Qualitätszustand des Wassers recht gut ablesen:

braune und rote Algen	= schlechtes Wasser; Wasserwechsel nötig, oder zu wenig Licht
grüne Algen	= gutes Wasser; ausreichend Licht
Blaualgen (zeigen Nitratgehalt an)	= mittlere Wasserqualität; für viele Weichtiere schädlich, für Fische jedoch noch erträglich.

Für ein gesundes Algenwachstum ist ein gut funktionierender Abschäumer Voraussetzung. Er entfernt die wachstumshemmenden Eiweißabbauprodukte, bevor sie zerfallen (nach Peter Wilkens).

Spurenelemente

Vielfach wird die Zugabe von Spurenelementen ins Meerwasser-Aquarium empfohlen. Ich habe damit keine positiven (auch keine negativen) Erfahrungen gemacht. Nur der Gebrauch eines aktiven Abschäumers verlangt die Zugabe regelmäßig alle 4 Wochen. Wer jedoch ein gesundes Becken mit Bodenfilterung und regelmäßigem Wasserwechsel besitzt, kann sich die Zugabe von Spurenelementen (und auch Vitaminen) ersparen. Durch TetraMin- bzw. TetraMarin-Fütterung werden den Fischen genügend Spurenelemente und Vitamine zugeführt. Außerdem kann man alle 4 Wochen flüssige Vitalstoffe, z.B. TetraVital oder TetraMarinVital, zugeben.

Lebende Kalkalgen — man kann sie im Aquarium nur im reinen Algenbecken mit wenigen Wirbellosen halten. Die absterbenden weißen Kalkreste können dicke Kalkschichten auf dem Meeresboden bilden.

Filterung und Lüftung

Ohne Filter und ohne turbulente Durchlüftung geht es nicht. Die stark sauerstoffbedürftigen Korallenfische benötigen wenigstens einen starken Ausströmer — es sei denn, Sie filtern stark und erzeugen mit dem Wasserlauf des Filters eine starke Oberflächenbewegung. Nur dadurch kann das Wasser ständig neu Sauerstoff aufnehmen.

Zur Durchlüftung benötigen Sie eine Membranpumpe. Am besten, Sie schaffen sich gleich eine qualitativ wertvolle Pumpe an. Die Pumpe sollte je nach Beckengröße mindestens 200 – 300 Liter Luftleistung haben.

Für die Filterung stehen zahlreiche Möglichkeiten zur Auswahl. Hier sollen jedoch nur die nach neuesten Erkenntnissen gebauten Filter und die bewährtesten Filtermethoden erwähnt werden:

Typ 1: Bodenfilter (biologischer Filter)

Typ 2: Kreiselpumpen-Außenfilter

Typ 3: Schnellfilter für innen und außen

Typ 1 Bodenfilter

Diesen können Sie nur dann verwenden, wenn ein zweites Becken für eine jeweilige Quarantäne und Krankheitsbehandlung zur Verfügung steht. Eine einmalige Behandlung mit Medikamenten in einem Becken mit Bodenfilter macht die erwünschte Bakterienkultur im Boden zunichte.

In einem Aquarium mit Bodenfilter dürfen deshalb niemals Fische chemisch behandelt werden (außer mit Tetra Medica MarinOopharm). Ein biologisches Mittel ist außerdem Preis Neosal.

Den Filter kann man sich selbst bauen. Einfacher ist es jedoch, auf fertige Fabrikate zurückzugreifen. Das Filtermaterial für den biologischen Bodengrundfilter ist der gesamte Bodengrund des Aquariums.

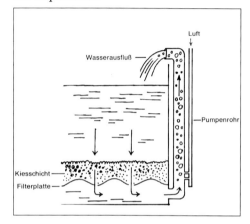

Die Filterung durch den Bodengrund ist eine ausschließlich biologische. Es erfolgt zwar auch eine gute Feinfilterung, die jedoch den Außenfilter nur in sehr großen Becken bei sehr schwacher Fischbesetzung ersetzt (1 cm Fisch auf 20 Liter Wasser).

Die sich im Bodengrund entwickelnden Bakterien überführen giftige Eiweißstoffe aus Nahrungsresten von Ammoniak (NH_3) über Nitrit (NO_2) zum ungiftigen Nitrat (NO_3).

Die Entwicklung der richtigen Bakterienkultur im Bodenfilter dauert etwa drei Monate. Innerhalb dieser Zeit sollte das neu eingerichtete Meerwasserbecken nur schwach besetzt werden.

Voraussetzung für einen guten biologischen Filter ist die Wahl des richtigen Bodengrundes (s. Seite 16). Wöchentlich einmal sollte der Boden oberflächlich abgesaugt werden, und alle 14 Tage lokkert man die Oberschicht bis ca. 2 cm Tiefe auf, damit die sich leicht zusetzende obere Schicht wieder wasserdurchlässig wird und die Bakterien Sauerstoff bekommen. Der Bodenfilter wird in der Regel mit einer Membranpumpe betrieben.

Zum Bodenfilter Typ 1 gehören stets noch entweder Filter Typ 2 oder 3. Diese Filter dienen der schnelleren Entfernung von Mulm aller Art (Algen oder Futterreste etc.).

Typ 2 Dreikammer-Rieselfilter

Der heute gebräuchlichste Filter für ein Meerwasserbecken ist ein Rieselfilter. Wählen Sie den Filter ausreichend groß. Die Förderleistung sollte so bemessen sein, daß der Wasserinhalt des Aquariums mindestens einmal, besser mehrmals stündlich den Filter durchläuft. Die Strömung im Becken muß möglichst so gerichtet werden, daß sich keine toten Winkel ergeben, in denen sich Mulm festsetzen kann. Das erreicht man am ehesten durch zusätzliches Anbringen von einem oder mehreren Ausströmern, die aber nicht dauernd in Betrieb zu sein brauchen.

Der Rieselfilter kann im Becken, daneben oder darunter (in einem Aquariumschrank) installiert werden. Vielfach werden im Fachhandel Systeme angeboten, die Glasbohrungen am Boden des Aquariums oder seitlich davon erforderlich machen.

Je nach Beckenbesetzung und Größe des Filters sowie dem verwendeten Filtermaterial muß ein Rieselfilter alle 6–12 Monate gereinigt werden. Das Filtermaterial soll stets in Meerwasser gewaschen werden. Man rettet dadurch einen Großteil der sich auch in diesem Filter befindenden nützlichen Bakterien. Lediglich die Filterkohle wird durch neue ersetzt, da sie verschiedene Giftstoffe aufgenommen hat und diese evtl. bei nachlassender Aufnahmeleistung wieder freigeben kann. Filterkohle sollte deshalb nur für jeweils 8–14 Tage eingesetzt werden; danach kann wieder auf anderes Filtermaterial übergegangen werden.

Stromausfall

Außenfilter mit einem größeren Volumen an Filtermasse sowie in geringerem Maße auch Bodenfilter bergen bei einem Stromausfall von länger als 1–2 Stunden eine große Gefahr: Die im Filter befindlichen nitrifizierenden Bakterien sterben infolge von Sauerstoffmangel ab. Eine andere Bakteriengruppe, die nicht auf Sauerstoff angewiesen ist, verwandelt das im Wasser befindliche Nitrat in Nitrit (Reduktion).

Sofern der Stromausfall oder natürlich auch das Abstellen des Außenfilters während der Fütterung rechtzeitig

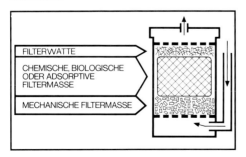

Innerer Aufbau eines Dreikammer-Saugfilters

Mit Blähtongestein, Dolomitsteinen und lebenden Steinen lassen sich herrliche Aufbauten errichten. Dahinter verbirgt man leicht das technische Zubehör.

bemerkt wird (innerhalb von bis zu 2 Stunden), kann man den Außenfilter ruhig wieder anstellen; dann wird kaum etwas passieren, wenn nicht der Außenfilter sehr stark verschmutzt war. Hat aber der Stromausfall oder Stillstand des Filtermotors längere Zeit gedauert, z. B. eine ganze Nacht, so darf man den Außenfilter nicht wieder anlaufen lassen, bevor er gereinigt worden ist. Zur Überprüfung, ob das im Außenfilter befindliche Wasser sich schädlich auf die Aquarientiere auswirken kann, entnimmt man dem im Filter befindlichen Wasser eine Probe und untersucht diese auf Nitrit. Sofern kein oder kaum Nitrit nachweisbar ist (bis 0,1 mg/l), kann der Filter unbedenklich wieder eingestellt werden. Ist der Nitritgehalt jedoch höher, so muß die Filtermasse unverzüglich ausgewaschen werden (unter Meerwasser), oder aber man läßt den Filter über einem Eimer zwei Tage lang laufen; das Meerwasser im Eimer wird belüftet oder sogar ozonisiert, der Ausströmer aber so gestellt, daß keine Luftblasen in das Ansaugrohr des Filters gelangen.

Das Aquarium wird während der Zeit des Ausfalls des Außenfilters gut belüftet, entweder mit einem zusätzlichen Ausströmer oder weiterhin mit dem Bodenfilter.

Sofern der Stromausfall oder Filterausfall so lange gedauert hat, daß sich auch schon im Aquarium Nitrit nach-

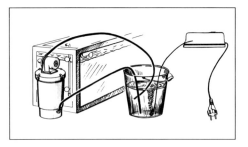

Mittels eines Eimers oder Aquariums wird der Kreiselpumpenfilter nach einem längeren Stromausfall an einen Wasserkreislauf geschlossen und langsam entgiftet.

weisen läßt oder die Fische bereits Unbehagen zeigen, ist unbedingt ein sofortiger Wasserwechsel im Aquarium von $1/3$ bis zur Hälfte anzuraten. Eine starke Ozonisierung des Wassers bis zur Höchststufe des Ozonisators kann den Fischen bei Vorhandensein von Nitrit nicht schaden. Die Ozonisierung wird aber wie üblich eingestellt, sobald der Nitritgehalt auf unter 0,1 mg N/l Wasser gesunken ist.

Es kommt vor, daß Kreiselpumpen nach einem Abstellen oder Stromausfall nicht wieder anspringen. Der Motor des Filters ist zu hören, der Betrachter des Beckens merkt also nicht, daß der Außenfilter nicht richtig arbeitet. Wenn das Auslaufrohr des Filters sich über der Wasseroberfläche befindet oder das Wasser sogar über ein Düsenstrahlrohr eingesprüht wird, bemerkt man den Filterausfall sofort, aber viele Aquarianer legen die Wasseraustrittsöffnung unter die Oberfläche, der Geräuschlosigkeit wegen. Man merkt also zunächst gar nicht, daß der Filter nicht arbeitet. Einige Zeit darauf merkt man es dann doch und bringt die Pumpe durch Schütteln des Filtertopfes wieder in Gang. Der Filter arbeitet wieder. Wenige Stunden später liegen die Fische am Boden und zeigen die typischen schnellen Atembewegungen einer Nitritvergiftung. Ursache war die Vergiftung des Filtermaterials durch Sauerstoffmangel im Filter. Die Bakterien sind abgestorben. Abhilfe erfolgt wie zuvor beschrieben.

Regel:

Bei jeder Beckenbetrachtung prüft man, ob der Filter richtig arbeitet. Das muß einfach zur Routine werden.

Liegt akute Vergiftungsgefahr vor oder sind sogar einige Fische schon tot und es gilt, die letzten zu retten, so kann man nicht warten, bis Ozon oder Sauerstoff das Becken wieder in einen normalen Zustand versetzt haben und der Nitritgehalt unter ca. 0,3 mg/l Wasser gefallen ist.

Man rettet die Fische wie folgt: In einem sauberen Eimer wird Meerwasser der normalen Dichte mit einer Temperatur, die dem Beckenwasser entspricht (ca. 25 °C), angesetzt. Da hinein setzt man die lebenden Fische und durchlüftet das Wasser kräftig. Je nach Übung dauert das Vorbereiten eines solchen Eimers 2 – 10 Minuten: Voraussetzung dafür ist natürlich das Vorhandensein von Meersalz und warmem Wasser. Nach etwa 10 Minuten werden sich die Fische im Eimer von der Nitrit-Vergiftung meistens erholt haben.

Die Fische müssen im Eimer so lange belassen werden, bis der Nitritgehalt im Aquariumwasser unter 0,3 mg/l gesunken ist. Bei Vorhandensein eines Quarantänebeckens kann man dieses schnell mit frischem Meerwasser vorbereiten und die Fische dort hineinsetzen.

Typ 3 Schnellfilter

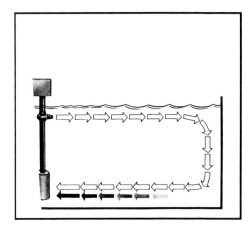

Bei starker Beckenbesetzung empfiehlt es sich, einen Schnellfilter, z.B. in Verbindung mit der Filterpumpe „Tunze Turbelle", zu verwenden. Diese Schnellfilter, für innen oder außen erhältlich, sind im oder am Becken nicht so leicht zu verbergen und daher nicht jedermanns Sache.

In Versuchs-, Quarantäne- und eingebauten Becken sind diese Filter jedoch wegen der einfachen und schnellen Reinigungsmöglichkeit empfehlenswert. Eine biologische Wirkung läßt sich mit ihnen nicht erzielen. Deshalb kann man das Filtermaterial (meist Synthetikwatte) auch bedenkenlos unter der Wasserleitung auswaschen. Nach mehrmaligem Gebrauch wird die Watte weggeworfen. Die Reinigung des Schnellfilters sollte täglich, mindestens jedoch wöchentlich, vorgenommen werden; sie dauert ohnehin nur wenige Minuten.

Für das normale Wohnzimmer-Aquarium (Schaubecken) empfiehlt es sich, die Filtertypen 1 und 2 einzusetzen, für Quarantänebecken Typ 3, für eingebaute Schaubecken Typ 1 und 2 oder 1 und 3.

Für kleinere Schaubecken bis 100 l, Quarantäne- sowie Behandlungsbecken hat sich der Schaumstoff-Filter „Brillant" oder „Brillant Super" hervorragend bewährt. Die Leistung dieses Filters beträgt je nach Wasserstand 100 – 250 l/Std.

Tetra Brillant Filter: Biologischer Feinfilter für kleine Schaubecken oder mechanischer Filter für Quarantänebecken.

Das Aquarium

Beleuchtung

Die Dauer der Beleuchtung sollte täglich mindestens 12 Stunden betragen. Ein Meerwasserbecken kommt nur bei einer reichlichen Menge Licht zur Wirkung; man will seine Fische ja sehen.

Preßkolbenlampen sind als Punktstrahler und Flutlichtstrahler erhältlich, z.B. Osram Spot 15° und Flood 40°. Die Zahlenwerte beziehen sich auf den Strahlungswinkel der (verspiegelten) Birnen.

Ein ungleichmäßig ausgeleuchtetes Aquarium mit Hell-Dunkel-Schattierung bietet dem Betrachter Abwechslung. Man wird daher meist die Punktstrahler mit ihren Möglichkeiten, reizvolle Lichteffekte zu erzeugen, bevorzugen.

Man kann die Preßkolben-Reflektorbirnen wegen der großen Wärmeentwicklung allerdings nicht in Aquariumschränken unterbringen. Hier haben sich 100 W/24 V Niedervolt-Punktstrahler gut bewährt. Diese sind aller-

Ohne entsprechende Beleuchtung ist das Betreiben einer solchen Meerwasseranlage nicht möglich.

dings mit den dazu erforderlichen Transformatoren sehr teuer: Zwei Lampen mit Trafo kosten ca. DM 300,—.

Leuchtstoffröhren verbrauchen gegenüber Punktstrahlern weniger Strom, halten meistens länger und geben nicht soviel Wärmeenergie ab. Deshalb sind sie in der Meerwasseraquaristik die heute am häufigsten verwendeten Lampen.

Sparen Sie nicht am Lichtstrom! Zwei 40-Watt-Leuchtstofflampen verbrauchen je nach Stromtarif monatlich nur etwa für DM 3,— bis DM 5,— Strom. Die Lampen verlieren mit zunehmendem Alter an Leuchtkraft. Deshalb sollte man sie jedes Jahr erneuern.

Wirbellose Tiere, besonders Seerosen, -anemonen etc. und viele andere „Blumentiere" lieben starkes, ja grelles Licht, am besten Tageslicht von oben und zusätzliche Beleuchtung abends. Für Zylinderrosen und Riffanemonen empfiehlt es sich, die auf S. 48 angegebene Lichtmenge um mindestens 50 % bis auf 100 % zu vergrößern bei Leuchtstofflampen. Besser ist die Verwendung von HQI-Lampen. Anemonen vertragen kein Glühlampen- oder schwaches Leuchtstofflampenlicht! Richten Sie einen Punktstrahler auf eine gut einsehbare Stelle auf einem Stein. Dort wird sich die Anemone schnell ansiedeln.

Starkes Algenwachstum bei großer Lichtmenge läßt sich durch Algenfresser (z.B. Doktorfische) in Grenzen halten. Häufig kommt es wegen ungenügender Lichtstärke nicht zu Grünalgenwachstum. Lediglich braune Kieselalgen halten sich. Bitte lesen Sie dazu das Kapitel „Algen", Seite 36!

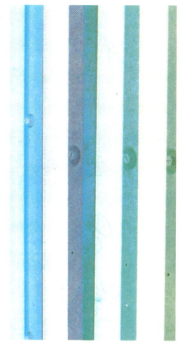

Die verschiedenen von Leuchtstoffröhren ausgestrahlten Spektren sind auch mit bloßem Auge erkennbar.

DIE HQI-HALOGEN-METALL-DAMPFLAMPE

mit 250 Watt bringt 17 000 Lumen. Die Birne bei der HQI nennt man Brenner. Sie muß mit einem Vorschaltgerät und Zünder betrieben werden. Kompakte und komplett installierte Geräte gibt es im Fachhandel. Die hohe Lichtausbeute und die natürliche Tageslichtfarbe gestatten es eigentlich erstmals, wirbellose Tiere, insbesondere auch empfindliche Blumentiere, erfolgreich zu pflegen. Die HQI-Lampen müssen mit einem UV-Filter versehen werden, sonst würden die Tiere verbrennen. Auch der Aquarianer kann sich beim Hantieren an den Armen oder den Augen empfindliche Schäden zuziehen. Das HQI-Licht enthält starke UV-a-, UV-b- und UV-c-

Strahlen. Bitte, vergessen Sie also die Filterscheiben nicht! Diese Filterscheiben bestehen nicht aus blaugetöntem Glas, sondern sind einfache Glasscheiben; sie „bremsen" jedoch den UV-Anteil der HQI-Lampe.

HQI-Lampen werden vorzugsweise in Aquarien ab 60 cm Beckenhöhe eingesetzt. Die Lampen müssen zumindest 50 cm über dem Wasserspiegel angebracht werden.

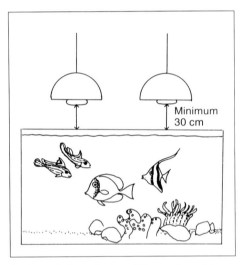

Aufgrund ihrer hohen Wärmeabstrahlung müssen Punktlampen einen Abstand von mindestens 50 cm zur Wasseroberfläche haben.

Einfache Regeln für die Berechnung der Lichtmenge (die Angaben beziehen sich auf Leuchtstofflampenlicht bei einer Beckenhöhe von ca. 50 cm):

1 Watt je cm Beckenlänge oder 2 Watt je 100 cm^2 Wasseroberfläche.

Bei Glühlampenlicht ist die Wattzahl 3—4mal so hoch anzusetzen. Normale Glühlampen sind kaum geeignet. Verspiegelte Preßkolbenlampen sind im Verhältnis zur Lichtausbeute zu teuer und reichen nur für Becken ohne wirbellose Tiere und Algen aus (Fischbecken).

Becken, die gegen Algenwuchs behandelt wurden, kann man nach Belieben beleuchten: Nach Stärke der Beleuchtung muß die Zugabe des Algenmittels mehr oder weniger häufig wiederholt werden.

SONNENLICHT

Wenn irgend möglich, sollte Ihr Aquarium so aufgestellt werden, daß täglich 1 bis 2 Stunden das Sonnenlicht — Morgen- oder Nachmittagssonne — ins Becken fällt. Das klare Becken offenbart Ihnen dann durch den Zauber der Fischfarben ein Bild, das ebenso schön ist, wie es der Sporttaucher im Korallenriff erlebt.

Mittels eines größeren Spiegels kann man ins Zimmer fallendes Sonnenlicht leicht ins Becken reflektieren. Versuchen Sie das einmal!

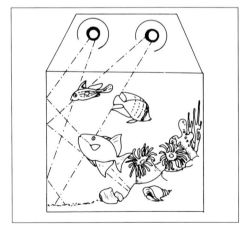

Die Beleuchtungsquelle wird vorzugsweise über dem vorderen Drittel des Beckens angebracht, damit die Fischfarben vom auftreffenden Licht auf das Auge des Betrachters reflektiert werden.

Das Aquarium

Heizung

Die Wassertemperatur im **tropischen** Meerwasseraquarium sollte zwischen 24 und 28 °C, je nach Herkunft der Fische, eingestellt werden.

Die Mindesttemperatur liegt bei 20 °C. Bei dieser niedrigen Temperatur fressen die Fische allerdings kaum noch. Einmal im Monat sollten Sie die Temperatur für 2 bis 4 Tage durch Ausschalten des Heizers oder Regulieren des Regelheizers oder Thermostaten auf ca. 22 °C absinken lassen. Erhöhung der Temperatur fördert Stoffwechsel und Aktivität aller Tiere im Becken, die Lebensdauer wird jedoch durch stetig hohe Temperatur (über 28 °C) beeinträchtigt. Die **beste Normal- und Dauertemperatur** liegt zwischen **24 und 27 °C**. In den Heimatgebieten der tropischen Meerwasserfische schwankt die Temperatur tagsüber und nachts wenig. Im Wechsel der Jahreszeiten unterliegt sie jedoch oftmals einer nicht unbeträchtlichen Schwankungsbreite (zwischen 22 °C und 30 °C).

Temperaturen unter 20 °C und über 30 °C sind unbedingt zu vermeiden!

Sollten Sie jedoch Mittelmeer- oder gar Nordseetiere pflegen, so sind die Temperaturen diesen Bereichen entsprechend niedriger anzupassen:

Mittelmeer: 15 °C – 25 °C
Nordsee: 8 °C – 18 °C

Mittelmeertiere lassen sich im allgemeinen im Sommer gut im ungeheizten Aquarium pflegen; im Winter ist eine Heizung im ungeheizten Raum unerläßlich. Für Nordseetiere benötigt man im Sommer eine Kühlanlage (z. B. Eheim).

Chromis cyanea, das Blaue Schwalbenschwänzchen, ist ein entzückender, aber empfindlicher Schwarmfisch aus der Karibik.

Wahl des Heizers und Thermostaten

Ein tropisches Meerwasseraquarium braucht einen guten Heizer mit verstellbarem Thermostat. Gummikappen an solchen Geräten gehören der Vergangenheit an. In Deutschland sind heute Regelheizer die am einfachsten zu handhabenden Geräte. Sie sind untergetaucht einsetzbar und haben einen Trockenlaufschutz, d. h., bei Überhitzung außerhalb des Wassers schaltet das Gerät ab; das Heizrohr platzt nicht, wie das früher der Fall war. Trotzdem sollte man den Heizerstecker ziehen, sobald das Wasser im Becken gewechselt wird. Auf jeden Fall sollte ein TÜV- oder GS- (geprüfte Sicherheit)Gerät verwendet werden.

Das Aquarium

Nordseetiere vertragen Wassertemperaturen über 18 °C nicht (vorne: ein Steinpicker).

Strom im Meerwasseraquarium

Durch undichte Dichtungskappen gelangen manchmal Kriechströme ins Wasser. Sie fühlen dann ein feines Kribbeln an den Fingerspitzen oder im Unterarm. Auch sind kleine Wunden an den Fingern empfindlich gegen diese Ströme. Dieses Elektrisieren bedeutet jedoch keine allzu große Gefahr. Das stark leitende Meerwasser läßt eher die Sicherung herausspringen, als daß Sie empfindlich getroffen werden könnten. Trotzdem ist mit Strom am und im Meerwasser Vorsicht geboten. Beim Hantieren mit elektrischen Geräten am Becken sollte vorher stets der Netzstekker gezogen werden. An Schnurschaltern kann man besonders leicht einen elektrischen Schlag bekommen, da schon wenige Tropfen Meerwasser, die gern das Kabel hinunter in den Schalter laufen, genügen, das Druckknöpfchen unter Strom zu setzen.

Fassen Sie daher Schnurschalter mit besonderer Vorsicht an, wenn Sie am Becken hantiert haben (am besten trokkenes Handtuch benutzen).

Heizleistung

Die Wattstärke des Heizers wird wie für das Süßwasseraquarium bemessen, also in geheizten Räumen und im Sommer 1 Watt pro 2 l Aquariumwasser, in ungeheizten Räumen im Winter 1 Watt pro 1 l Aquariumwasser.

Da es Regelheizer nicht in vielen verschiedenen Wattstärken gibt, wählt man ihn in Zweifelsfällen lieber in der Wattstärke niedriger. Im Bedarfsfall schaltet man zu dem Regelheizer einen ungeregelten einfachen Heizer.

Als besonders praktisch hat es sich erwiesen, daß man die Hälfte der benötigten Heizleistung über einen Regelheizer und die andere Hälfte über einen einfachen Heizer zuführt.

Den Regelheizer läßt man im Sommer wie im Winter eingeschaltet. Den zweiten, zusätzlichen Heizer benötigt man nur im Winter.

Beckeninhalt und Heizerstärke

Becken- inhalt*	beheiztes Zimmer Regelheizer- stärke	unbeheiztes Zimmer zusätzlicher Heizer
50 l	25 W	25 W
75 l	40-50 W	25 W
100 l	50 W	50 W
150 l	75 W	75 W
200 l	100 W	100 W
300 l	150 W	150 W
500 l	250 W	250 W

*Berechnung des Beckeninhalts auf Seite 22.

Ihr Fachhändler berät Sie gern bei der Auswahl des Heizgerätes.

Trotz abgeschalteten Temperaturreglers kann es im Sommer zu Temperaturen von über 30 °C im Becken kommen. Es ist an derart warmen Tagen zu empfehlen, das Zimmer durch Jalousien vor unmittelbaren Sonnenstrahlen zu schützen oder aber das Becken mit einer Alu-Folie abzudecken. Die beste Isolierung erhält man, wenn man dünne Styroporplatten um das Becken klebt – tagsüber auch auf die Sichtscheibe. Meistens ist jedoch für die zu starke Aufheizung die Beleuchtung verantwortlich. Sicherheitshalber ist deshalb eine zuviel Wärme entwickelnde **Beleuchtung an heißen Sommertagen abzuschalten.**

Lassen Sie in keinem Fall die Wassertemperatur über 30 °C ansteigen. In vielen Fällen vertragen die Fische zwar Temperaturen bis 33 °C, aber der Sauerstoffgehalt nimmt in warmem Wasser stark ab, so daß die Fische leicht an Atemnot eingehen können.

Starke Durchlüftung ist an heißen Sommertagen daher notwendig.

Aquarienausströmer.

Der Ausfall des Heizers und das an kalten Tagen damit verbundene Absinken der Temperatur wird von den Fischen schnell angezeigt. Sie fressen nicht, eine Fütterung ist dann zwecklos und verdirbt nur das Wasser. In solchem Falle wird zunächst die Temperatur wieder langsam auf die gewohnte Höhe von 24 bis 26 °C gebracht. Wenn der Heizer defekt ist und Sie (übers Wochenende) nicht so schnell Ersatz bekommen können, so müssen Sie das Wasser durch Einhängen von mit heißem Wasser gefüllten Eimern oder anderen Gefäßen im Becken aufwärmen. Verwenden Sie bitte innerhalb des Beckens keinen Tauchsieder. Tauchsieder heizen das Wasser viel zu schnell und unkontrolliert auf; die Fische könnten sich zudem Verbrennungen zuziehen. Besser ist es, je nach Größe des Beckens $\frac{1}{4}$ bis $\frac{1}{2}$ des Inhalts in eine Plastikwanne abzusaugen und das Wasser dort mit einem Tauchsieder auf 40–50 °C zu erwärmen. Dieses Wasser wird dann **langsam** ins Becken zurückgegossen.

So wie man das zu kalte Aquariumwasser durch Einhängen von Behältern, die mit heißem Wasser gefüllt sind, aufwärmen kann, so kann man zu warmes Wasser durch Einhängen eines Plastikgefäßes, gefüllt mit Eiswürfeln, kühlen. Vergessen Sie nicht, vor dem Einhängen eines Behälters die entsprechende Wassermenge abzusaugen, um ein Überlaufen des Beckens zu vermeiden.

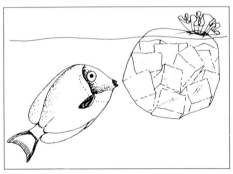

Mit Eiswürfeln in einer Plastiktüte kann man das Aquarium im Notfall abkühlen.

Bitte beachten Sie, daß zu schnelle Abkühlung oder Erwärmung für Fische schädlich sein kann.

Die Temperatur muß täglich kontrolliert werden. Halten Sie während des Ablesens Ihren Handrücken auf die Vorderscheibe des Aquariums. So bekommen Sie mit einiger Übung ein Gefühl für die richtige Temperatur, auch wenn das Thermometer einmal verschwunden oder zerbrochen ist.

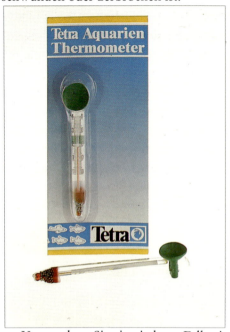

Verwenden Sie in jedem Fall ein geeichtes Thermometer. Manche Thermometer zeigen Abweichungen von bis zu 5 °C. Quecksilberthermometer gehören nicht ins Aquarium. Falls sie einmal dort zerbrechen, wird das auslaufende Quecksilber alle Fische vergiften.

Wenn man in seinem Becken größere Fische pflegt, ist es zweckmäßig, das Thermometer durch Überziehen mit einem Kunststoffschlauch zu schützen. Flüssigkristall-Thermometer, außen auf der Scheibe angebracht, haben diesen Nachteil nicht. Sie sind nur oft sehr schwer ablesbar.

Meerwasseraquarianer verwenden heute vielfach elektronische Meßgeräte, die entweder im Leitwertmeßgerät oder im pH-Meßgerät eingebaut sind.

Abschäumer, Ozon und UV-Licht

Der **Abschäumer** für Meerwasseraquarien hat sich in Deutschland ziemlich durchgesetzt. Nicht so dagegen im Ausland. Ist er notwendig oder nicht? Diese Frage läßt sich nicht eindeutig beantworten. Ich möchte es so formulieren: In schwach besetzten Aquarien, insbesondere dann, wenn ein biologischer Filter (funktionstüchtig) vorhanden ist, erübrigt sich ein Abschäumer. **Das „Durchschnittsaquarium" wird jedoch nicht ohne Abschäumer auskommen.**

Es stehen verschiedene Typen mit unterschiedlichen Wirkungsgraden zur Verfügung.

<u>Einfache, aus Plexiglasrohren geklebte Typen.</u> Die Wirkungsweise ist meist recht unbefriedigend.

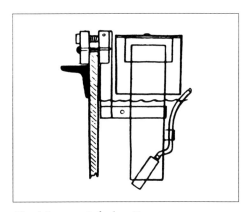

Abschäumer einfacher Bauart

<u>Kontakt- oder Gegenstromabschäumer,</u> z.B. Fabrikat Sander. Solche Abschäumer, bei denen ozongemischte Luft und Luft für die Wasserumwälzung getrennt zugeführt werden, sind nicht gut zu regeln. Man benötigt dazu unbedingt eine starke Luftpumpe und einwandfreie Luftregulierhähne.

Abgesehen von der schlechten Einstellbarkeit ist dieser Abschäumer – vor allem am Preis gemessen – recht gut brauchbar und wirksam. Er wird zur Leistungserhöhung meist mit Luft und Ozon betrieben.

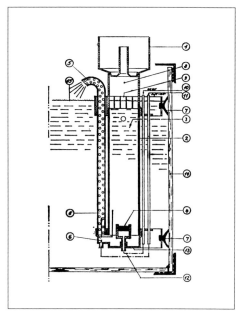

Gegenstrom-Abschäumer

Es bedeuten: 1. Schaumbecher, 2. Reaktionsrohr, 3. Wassereinlauf, 4. Ausströmer, 5. Wasserrücklauf, 6. Düsenausströmer, 7. Sauger, 8. Schaumsammelraum, 9. Schaumsieb, 10. Rohr für Ozon, 11. Rohr für Luft, 12. Schläuche, 13. Bodenplatte, 14. Aquarium, 15. Wasserauslauf

<u>Hochleistungs-Abschäumer,</u> die mit einer starken Kreiselpumpe betrieben werden, sind für stark besetzte größere Becken (ab 250 l Inhalt) zu empfehlen.

Diese Abschäumer schaffen es wirklich, in kurzer Zeit Eiweißstoffe vor der Zersetzung, also bevor sie giftig werden können, aus dem Becken herauszubefördern.

Diese Erfahrungen habe ich mit dem Abschäumer Tunze SKS gemacht. Eine einzige unvorsichtige Fütterung, und Überlastung des Beckens mit Eiweißstoffen kann das Wasser verderben. Das kann der Abschäumer in gewissen Grenzen verhindern. Er schäumt überschüssiges Eiweiß schnell ab.

Ozon-Ionen sind negativ geladen und fällen die positiv geladenen Eiweißteilchen im Abschäumer aus. Die Eiweißstoffe werden durch die Belüftung fest (koagulieren) und können abgeschäumt werden. Der harte Eiweißschaum ist giftig und darf nicht wieder ins Aquarium zurückgelangen. Der Abschäumertopf muß daher täglich entleert werden. Für gutes Algenwachstum ist der Abschäumer unersetzlich (s. S. 53).

Der **Ozonisator** ist genauso wichtig oder unwichtig wie der Abschäumer. Schwach besetzte Becken benötigen keinen, stärker besetzte — und das sind die meisten — kommen auf die Dauer nicht ohne ihn aus.

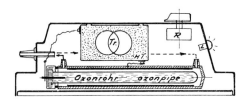

Innerer Aufbau eines Ozonisators.

Aber wie gesagt, es geht auch ohne Ozonisator. Das beweisen die vielen gut „funktionierenden" Meerwasserbecken, die im Ausland gepflegt werden. Wiederum ist ein guter „biologischer Filter" Voraussetzung.

Durch Ozonisieren erhält man ein nahezu steriles Meerwasserbecken. Es können sich kaum Bakterien entwickeln. Ein „steriles" Becken kann eine Zeitlang gut gehen. Eine biologische Stabilität läßt sich darin allerdings nicht erreichen.

Falls Sie sich bezähmen können und Ihr Becken wirklich nur schwach besetzen (ca. 10 cm Fischlänge auf 100 l Wasser), kommen Sie ohne Ozonisator aus. In einem dichter besetzten Becken ist ein Ozonisator unerläßlich.

Dosierung von Ozon (O_3)

Ozon wird durch Hochspannung (bis 10 000 Volt) im Kontaktrohr des Ozonisators erzeugt. In größeren Mengen eingeatmet, ist es giftig oder kann zumindest zu Kopfschmerzen und Schwindelanfällen führen. Deshalb sollte man den Ozonisator immer so einstellen, daß im Zimmer kein oder kaum Ozongeruch wahrzunehmen ist.

Fische vertragen im allgemeinen 5 — 10 mg O_3 pro 100 l Wasser stündlich. Die Ozonmenge kann man am Regulierungsknopf des Gerätes einstellen. Die weitaus größere Menge Ozon reduziert sich im Aquariumwasser zu Sauerstoff (O_2).

Wird dauernd zuviel O_3 ins Becken gegeben, kann das den Fischen schaden. Es „verbrennen" Haut und Kiemen.

UV-Lampe

Die bakterientötende Wirkung von ultravioletten Strahlen ist unbestritten.

Die meisten *Caulerpa*-Arten, wie hier *Caulerpa racemosa*, die Traubencaulerpa, und *Caulerpa sertularioides*, die Federcaulerpa, können nur in strömungsreichem, klarem Wasser ohne Trübstoffe gedeihen.

Bakterienabtötung kann man mit Ozon ebenfalls erreichen. Wer einen Ozonisator hat, braucht keine UV-Lampe.

Wer sich eine UV-Lampe aus preislichen Gründen anschafft — sie ist billiger als der Ozonisator —, sollte wissen, daß die UV-Birne eine begrenzte Lebensdauer von höchstens 3000—4000 Brennstunden besitzt. Danach leuchtet die Birne zwar weiterhin, aber das Quarzglas läßt keine UV-Strahlen mehr durch. Man kann der UV-Lampe das aber nicht ansehen.

Da UV-Licht meist im Dauerbetrieb brennt, beträgt die Lebensdauer der Birne lediglich ca. drei Monate.

Drei UV-Birnen können jedoch schon fast einen Ozonisator bezahlen. Wenn Sie sich von der UV-Lampe eine Wirkung versprechen und eine der verschiedenen Typen an Ihrem Meerwasserbecken installieren, so tun Sie das am besten außerhalb des Aquariums, damit die Fische von den Strahlen nicht geschädigt werden. Im übrigen sind die Gebrauchsanleitungen der einzelnen Geräte zu beachten. UV-Strahlen schaden auch im Dauerbetrieb nicht, solange sie nicht direkt ins Becken (an die Fische) gelangen können.

Die UV-Lampe wird in den Filter-Wasserkreislauf geschaltet.

Das Aquarium

Einsetzen der Fische

Die Fische haben Sie in einem Glas oder Plastikbeutel in Ihre Wohnung transportiert. Legen Sie dieses Transportgefäß ca. 5 bis 10 Minuten auf die Oberfläche des Aquariumwassers. Nach Öffnen des Beutels gießt man ein Drittel des Wassers in einen Eimer, holt die gleiche Menge Aquariumwasser in den Beutel und wiederholt dies nach 5 Minuten. Die Fische haben so Zeit, sich an die veränderten Wasserbedingungen zu gewöhnen. Jetzt können die Fische ins Quarantänebecken eingesetzt werden. Steht dieses nicht zur Verfügung, so setzt man sie ins Schaubecken und gibt die Normaldosis Tetra Medica Marin-Oopharm hinzu. Nach drei Tagen wiederholt man diese Maßnahme, um von vornherein Ansteckung und Ausbruch von parasitären Erkrankungen zu verhindern.

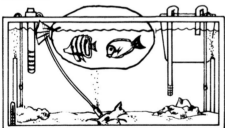

Den Plastikbeutel mit den Fischen einige Minuten zur Temperaturangleichung auf die Wasseroberfläche legen.

Erste Fütterung und Kontrolle

Mit der ersten Fütterung warten Sie am besten, bis die Fische ohne Scheu munter im Becken umherschwimmen. Sofern sie sich in eine Ecke drücken oder farblos am Boden „stehen", ist möglicherweise etwas noch nicht in Ordnung:

Stimmt die Temperatur?
War das Wasser zu frisch?
Sind Licht und besonders Bodengrund zu hell, haben die Fische etwas Deckung?
Sind die Fische gesund? (Oder haben sie evtl. weiße Pünktchen auf Flossen oder Körper?)
Diese weißen Pünktchen sind ein Zeichen für die häufigste Fischkrankheit (im Meerwasser): Cryptocarion (s. S. 82).

Ihren Fischen zuliebe sollten Sie in den ersten Wochen besonders sparsam mit der Fütterung sein. Zuviel Futter würde das Wasser schnell verderben.

Zweimalige Fütterung am Tag ist daher ausreichend. Man gibt soviel in Portionen, wie die Fische restlos in einer Minute verzehren. Nach 10 – 12 Wochen können Sie auf normale Fütterung 3 – 4mal täglich übergehen, dann ist das Becken biologisch „eingefahren". Nützliche Bodenbakterien haben sich entwickelt und bereiten das Wasser ständig auf. Sie bauen schädliche Eiweißstoffe aus Kot und Urin der Fische ab und machen diese Stoffe ungiftig.

Wer Zeit und Lust hat, die Fische bei der Fütterung zu beobachten, füttere in kleineren Portionen, bis die Fische fast satt sind; man sieht es leicht daran, daß sie gelassener sind als zu Beginn der Fütterung.

rechts oben: Ein Schwarm vorbeiziehender Wimpelfische ist ein herrlicher Anblick für den Taucher, Rotes Meer.

rechts: Junge Korallenwelse leben im Schwarm und meist zwischen Seegras in Ufernähe. Bei Gefahr ballt sich der Schwarm zu einer Kugel zusammen, Indischer Ozean.

Das Aquarium

Übersicht:
Die Einrichtung eines Meerwasseraquariums

1. Bodengrundfilter installieren. (Dieser Punkt entfällt bei Quarantänebecken.)
2. Bodengrund waschen und einschichten. (Dieser Punkt entfällt ebenfalls bei Quarantänebecken.) Bester Bodengrund: Muschelgrus, Dolomitbruch (pH-Pufferung) und Blähtonbruch, Körnung 3–8 mm. Feiner Sand ist nur in Sonderfällen geeignet. Korallenbruch und -sand müssen sorgfältig geprüft werden, ob sie frei von Eiweißresten sind.
3. Regelbaren Heizer einbauen, Temperatur auf 24–27 °C einstellen. Heizerstärke sorgfältig berechnen: 1 Watt pro Liter in ungeheizten Räumen, 1 Watt pro 2 Liter in gut geheizten Räumen.
4. Außen- oder Innenfilter anbringen: Außenfilter für Schaubecken ab 200 Liter. Innenfilter als Schnellfilter für größere Quarantänebecken (z.B. Tunze), für Quarantäne- oder Schaubecken bis 100 Liter (z.B. Tetra Brillant Super).
5. Zusätzliche Durchlüftung mit Ausströmerstein ist nur bei zu schwacher Filterung erforderlich. Eine Luftpumpe ist jedoch in jedem Fall zum Betrieb eines Bodenfilters notwendig. Man wähle eine ausreichend starke Pumpe von mindestens 300 Liter Leistung. Wird die Luftpumpe unterhalb des Wasserspiegels aufgestellt, so setzt man zwischen die Schlauchverbindung von Pumpe zu Filter ein Rückschlagventil. Das verhindert Wasserrücklauf und Schädigung der Pumpe bei Stromausfall. Der Bodenfilter kann auch mit Schnellfilterpumpen betrieben werden.
6. Abschäumer und Ozonisator oder UV-Lampe nur dann installieren, wenn der Fachhändler die Verwendung ausdrücklich empfiehlt.

Der Orangefleck-Feilenfisch *(Oxymonocanthus longirostris)* ernährt sich von Korallenpolypen und ist für das Aquarium ungeeignet.

7. Dekorationsmaterial, z. B. Lavagestein, Dolomitgestein usw., anordnen. Metallhaltige Steine sind ungeeignet. Mit dem Dekorationsmaterial die technischen Geräte soweit möglich verbergen.

Korallen verwenden wir heute aus Naturschutzgründen nicht mehr im Meerwasserbecken. Sicher wird es im Fachhandel bald Plastikkorallen geben, gegen die nichts einzuwenden ist, sofern sie keine (giftigen) Weichmacher enthalten.

Hirnkoralle mit dem Fahnenbarsch *(Anthias squamipinnis)*

8. Meerwasser mit einer Dichte von 1.022 – 1.024 einfüllen. Dichtemesser (Aräometer geeicht auf 24 – 25 °C) zur Kontrolle verwenden oder Leitwertmeßgerät 45 000 Mikrosiemens.

9. Beleuchtung installieren. Auf je 40 cm Beckenlänge rechnet man bei einer Beckenhöhe von 50 cm mindestens 40 Watt Leuchtstofflampen, also **je cm Beckenlänge 1 Watt.** Es empfiehlt sich, 2 – 3 Leuchtstoffröhren weiß, die andere im Blaulicht zu wählen. Verspiegelte Leuchtstofflampen sind für höhere Lichtausbeute von Vorteil. Bei Becken ab 300 l Inhalt empfiehlt es sich, HQI-Lampen einzusetzen. Besonders bei der Pflege von Wirbellosen ist das angeraten, wenn diese Tiere Zooxanthellen in ihrem Körper zum Leben brauchen (Krusten- und Scheibenanemonen usw.).

10. Das Becken möglichst 2 – 3 Wochen stehenlassen, ohne die Fische einzusetzen. In dieser Zeit sollen Filter und Heizung schon eingeschaltet bleiben. Nach der Einrichtung sollte man eine Handvoll aufgeschwemmter, ungedüngter Gartenerde dem Becken zusetzen. Die Gartenerde dient zur Entwicklung von nützlichen Bakterien im Filter und im Bodengrund. Danach kann man „Algensteine" befreundeter Aquarianer einsetzen, um die Besiedlung mit nützlichen Kleinlebewesen vorzunehmen.

11. Besser ist auf jeden Fall, Fische nicht ins Schaubecken, sondern zuerst ins Quarantänebecken einzusetzen. Die meisten Meerwasserfische sind krank und müssen vor dem Einbringen ins Schaubecken behandelt werden bzw. 2 – 3 Wochen unter Beobachtung stehen, ob sich Krankheiten zeigen.

12. Abdeckscheiben auflegen. Diese läßt man sich vom Glaser zuschneiden. Die Ecken werden für die Kabel und Filterrohrzuleitungen, wo nötig, ausgeklinkt. Abdeckscheiben sind gegen Herausspringen der Fische und gegen Wärmeverlust unentbehrlich. Auch verhindern sie eine schnelle Wasserverdunstung.

Haltung und Pflege

Fütterung der Fische

Die Fütterung von Meerwasserfischen ist bei sehr vielen Arten ebenso einfach wie bei Süßwasserfischen. Es muß jedoch häufiger bzw. kräftiger gefüttert werden, will man die Fische zum Wachsen bringen; denn die Mehrzahl der Meerwasserfische wird durchweg wesentlich größer als die meisten Süßwasserfische. Ausnahmen bilden einige *Abudefduf-, Chromis-, Dascyllus-* und *Amphiprion*-Arten. Diese sind dann auch leichter mit Trockenfutter zu ernähren als die anderen, größer werdenden Fische.

Bisher suchte man den Grund für das nicht zufriedenstellende Wachstum von Meerwasserfischen bei ausschließlicher Fütterung mit Trockenfutter in dessen unzureichender Qualität. Durch neuere Forschungsergebnisse und aus der Praxis in der Meerwasserabteilung bei Tetra wurde jedoch nachgewiesen, daß man auch viele Meerwasserfische ausschließlich oder hauptsächlich mit einem Trockenfutter wie TetraMin oder TetraMarin ernähren kann. Die Nahrungsmenge muß jedoch den Bedürfnissen der Tiere angepaßt sein.

Unter Einbeziehung dieses letzteren Futters, speziell für Meerwassertiere entwickelt, gelang es, umfassende Informationen zur Fütterung der behandelten Arten von Meerwasserfischen zusammenzustellen. Die Ergebnisse beruhen auf praktischen Erfahrungen mehrerer bekannter Meerwasseraquarianer und des Verfassers.

Für die Mitarbeit an den Untersuchungen sei Herrn Peter Chlupaty besonders herzlicher Dank ausgesprochen. Die Fütterungstips sind in diesem Büchlein den einzelnen Fischbeschreibungen zu entnehmen.

Der gute Appetit der Meerwasserfische macht jede Fütterung zur besonderen Freude. Die Fische zupfen die Flocken oder andere Nahrung aus den Fingern. So bekommt man zu seinen Tieren einen innigen Kontakt, der sehr dazu beiträgt, das Interesse am Aquarium aufrecht zu erhalten. Die für Meerwasserfische notwendigen einzelnen Futterarten sind im Anschluß an die Tabelle beschrieben.

Die Häufigkeit der Fütterung und die Größe der Futterportionen hängen stark von den einzelnen Fischarten ab.

HALTUNG UND PFLEGE

Im Korallenriff gibt es eine reiche Fülle an vielseitiger, lebender Nahrung. Fische im Aquarium gewöhnen sich bei guter Gesundheit schnell an die Ersatznahrung. Bildmitte: *Chaetodon madagascariensis*.

FÜTTERUNGSHINWEISE

1. Man füttere niemals durch direktes Schütten aus der Futterdose. Die Flocken (TetraMarin Großflocken sind für die meisten Meerwasserfische nicht zu groß) werden zwischen Daumen und Zeigefinger genommen und unter die Wasseroberfläche getaucht. Nur wenige Meerwasserfische fressen das Futter gern von der Wasseroberfläche.
2. Zu starke Filterung oder Durchlüftung drossele man während des Fütterns, damit die Flocken nicht in für die Fische unerreichbare Ecken gewirbelt werden.

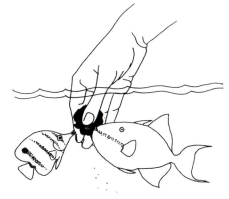

Die Fische zupfen Großflocken gern aus den Fingerspitzen.

3. Zuerst mit einer winzigen Futtermenge ausprobieren, ob die Fische überhaupt Hunger haben. Stürzen sie sich nicht sofort auf das Futter, ist meist etwas nicht in Ordnung.

Haltung und Pflege

Pflege des Aquariums

Reinigung und Wasserwechsel

Die Säuberung eines Meerwasserbeckens ist wegen der fehlenden Pflanzen eigentlich einfacher als die eines Süßwasseraquariums. **Wöchentlich** oder „nach Bedarf" sollten folgende Reinigungsarbeiten vorgenommen werden:

1. Deckscheiben und Abdeckleuchte säubern. Salzverkrustete Deckscheiben lassen sich unter fließendem Wasser mittels Klingen-Scheiben-Reiniger und moderner Reinigungsmittel wieder vollständig klar und durchsichtig machen. Gut spülen und abtrocknen.
2. Filter, Wasserumwälzpumpe und Heizer abstellen (Netzstecker ziehen).
3. Vordere Sichtscheibe und Seitenscheiben innen mit Scheibenreiniger abschaben. Auch „rostfreie" Klingen des Scheibenreinigers nachher gut mit Süßwasser abspülen.

Mit den Rasierklingen des Scheibenreinigers im Becken vorsichtig sein. Nicht, falls vorhanden, die Silikon-Verklebung der Ecken verletzen. Beim Reinigen darauf achten, daß vom Boden keine Sandkörnchen mit „hochgeholt" werden. Diese zerkratzen selbst die besten Kristallglasscheiben.

Bei der Reinigung der Scheiben durch sogenannte Algen-Magnete ebenfalls darauf achten, daß zwischen beckeninnenseitigen Magneten und Scheibe kein Sand gelangt. Wenn man den beckeninnenseitigen Magneten von der Außenseite her verliert, sollte man ihn nicht durch Spielereien wieder heranholen, sondern zunächst die Reinigungsfläche abspülen, damit kein Sandkörnchen daran haftet und dann wieder von der Oberkante der Scheibe an den außenseitigen Magneten heranbringen. Danach kann die Scheibenreinigung fortgesetzt werden. Im Meerwasserbecken sollte der innere Magnet nicht verbleiben, sondern nach der Scheibenreinigung herausgenommen werden.

4. Korallen, Steine etc. aus dem Becken nehmen und in einem Eimer mit abgelassenem Beckenwasser abspülen — notfalls mit Wurzelbürste reinigen. Kein Süßwasser dazu verwenden, da damit sämtliche Kleinlebewesen und Algen abgetötet würden.

Masken-Wimpelfische *(Zanclus canescens)*, eine geschützte Art.

Niemals Spülmittel im Meerwasser verwenden!

5. Schmutz im Becken absinken lassen und dann mit Schlauch in Eimer absaugen. Dies braucht je nach Stärke des Filters jedoch nur alle 2–3 Monate zu geschehen. Bei der wöchentlichen Reinigung saugt man den Schmutz vom Boden mit einem Grundreiniger (z. B. Primus) ab.

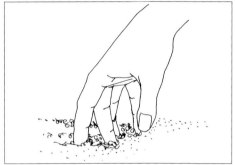

Mit den Fingern oder einem Stäbchen lockert man den Bodengrund regelmäßig alle vier bis acht Wochen auf, damit der Bodenfilter wieder richtig arbeiten kann.

6. Geräte wie Regelheizer, Abschäumer und Filterrohre aus dem Becken nehmen und abbürsten.
7. Obere Schicht des Sandes mit den Fingern leicht „durchharken". Mit dem Fuß des „Primus" geht das ebenfalls gut. Die Bodenbakterien bekommen damit wieder mehr Sauerstoff, und es entstehen keine Fäulnisherde im Boden.
8. Bei Bedarf alle 4–6 Wochen den Außenfilter reinigen. Die Filtermasse ebenfalls **nur mit Meerwasser** durchspülen, anderenfalls tötet man auch hier die nützlichen Bakterien ab. Sollte die Filtermasse allerdings faulig riechen oder so verschmutzt sein, daß man sie nicht mehr verwenden kann, so nimmt man neue Filtermasse. Neue Filtermasse „impft" man mit Bakterien, indem man eine Handvoll der alten, unausgewaschenen Masse hinzugibt.

Schnellfilter, z. B. Tunze, müssen häufiger – mindestens wöchentlich – gereinigt werden. Hier wird die Filtermasse (meist Perlonwatte) bei Bedarf durch neue ersetzt.

9. In umgekehrter Reihenfolge, wie zuvor beschrieben, werden Dekorationen, Geräte usw. wieder eingesetzt und eingeschaltet.
10. Das abgesaugte Wasser wird **weggeschüttet** und **frisch** angesetztes Meerwasser ins Becken gegeben. Entgegen verbreiteter Meinung braucht man für solch einen teilweisen Wasserwechsel kein abgestandenes Meerwasser zu verwenden. Wenn das Leitungswasser – auch das Warmwasser – erfahrungsgemäß in Ordnung ist, so gibt man 2–3 Handvoll Meersalz in einen Eimer, füllt ihn mit temperiertem Leitungswasser, rührt kräftig dabei um und gießt es ins Becken. Beobachten Sie Ihre Fische, wie sie sich in dem frischen Wasser tummeln!

Dichte prüfen (1.022–1.024), pH-Wert prüfen.

11. Abdeckung wieder auflegen.
12. Sichtscheiben von außen mit einem Fensterreiniger (z. B. Ajax Glasreiniger, achten Sie bitte darauf, daß davon nichts ins Becken gelangt) und mit Zeitungspapier abreiben.

Nach kurzer Zeit wird Ihr Becken in neuem Glanz erstrahlen. Die Reinigung hat sich gelohnt!

Haltung und Pflege

Tägliche Prüfliste für Meerwasseraquarianer

▶ Beim Einschalten der Beleuchtung vorsichtig am Becken hantieren, um die Fische nicht zu erschrecken.
▶ Prüfen, ob alle Fische gesund sind. Tote Fische sofort entfernen. Auf die Atmung der Fische achten. Die Atmungsfrequenz darf nicht höher sein als man mitzählen kann.
▶ Prüfen, ob Ausströmer und Filter richtig laufen.
▶ Bei Bedarf Abschäumertopf entleeren.
▶ Lernen Sie Ihre Beckeninsassen so gut kennen, daß Sie es sofort merken, falls einer nicht sichtbar ist. Suchen Sie ihn auf jeden Fall, er könnte tot oder krank in einer unübersichtlichen Ecke liegen. **Nehmen Sie nur so viele Fische ins Becken, daß Sie die Gesellschaft auch überschauen können.**
▶ Füttern Sie die Fische morgens, (möglichst) mittags und abends. Bei fehlender Mittagsfütterung wird morgens und abends mindestens je zweimal gefüttert. Eine halbe Stunde vor Ausschalten der Beleuchtung soll nicht mehr gefüttert werden.
▶ Nicht gefressenes Futter, insbesondere größere Futterbrocken, mit Holzstäbchen, Netz oder Plastik-Fingersaugrohr entfernen.
▶ Abends vor Ausschalten der Beleuchtung noch einmal Funktion der Filter/Ausströmer prüfen. **Fische nachzählen.**
▶ Das Abschalten der Beleuchtung sollte über einen vom Becken entfernten Schalter erfolgen, um die Fische durch plötzliches Dunkelwerden nicht zu erschrecken. Gut hilft auch eine im Raum brennende andere Lichtquelle (z. B. Stehlampe), die nach Ausschalten der Beckenbeleuchtung noch schwaches Licht ins Becken wirft. Dann können sich die Fische noch orientieren und ihren Ruheplatz, den viele Arten haben, aufsuchen.
Sogenannte Dimmer, die ein langsames Abdunkeln ermöglichen, bewahren die Fische ebenfalls vor Schreck beim Ein- und Ausschalten der Beleuchtung.
Heute ist Blaulicht im Dauerbetrieb die ideale Nachtbeleuchtung.

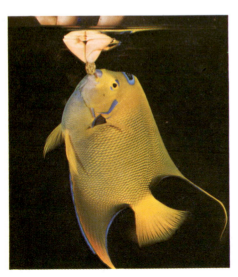

Gekrönter oder Blaustirn-Kaiserfisch *(Holacanthus ciliaris)* nimmt TertraTips aus der Hand.

rechts: Soldatenfische leben im Schwarm und gern unter schirmartigen Korallen, die ihnen Schutz vor Feinden von oben geben.

Haltung und Pflege

Haltung und Pflege

Wimpelfische und Gelbe Masken-Falterfische tummeln sich über einem Korallenkopf.

Das Meerwasseraquarium im Urlaub

Viele Zeitgenossen schaffen sich wegen der vermeintlichen Schwierigkeiten im Urlaub keine Fische an. Bei Fischen sind solche Sorgen aber unbegründet. Übers Wochenende, also für zwei bis drei Tage, können diese — da wechselwarme Tiere — auch hungern. Lediglich die Wassertemperatur sollte man in der Zeit der Abwesenheit um 2−3 °C, also auf 22−23 °C senken. Ein Regelheizer ist dafür natürlich Voraussetzung.

Während eines drei- bis vierwöchigen Urlaubs müssen die Meerwasserfische allerdings gefüttert werden. Einfach zu pflegende Arten lassen sich mittels eines Futterautomaten mit Flockenfutter versorgen. Schwierige Arten, die Lebend- oder andere Ersatzfutter benötigen, verlangen auch in der Urlaubszeit wenigstens dreimal wöchentlich eine gute Fütterung. Hierfür läßt sich mit gutem Willen und entsprechender Vergütung bestimmt jemand finden. Fragen Sie Ihren Fachhändler, falls Sie gar keine Pflegeperson bekommen. Er weiß meistens einen Ausweg.

Vier bis sechs Wochen vor dem Urlaub dürfen keine neuen Fische mehr angeschafft werden, damit die Möglichkeit des Ausbrechens einer Krankheit innerhalb Ihrer Abwesenheit vermindert wird. Nur vollständig gesunde Fische lassen sich von einer „unerfahrenen Pflegeperson" durch Ihren Urlaub bringen.

Stellen Sie die abgemessenen, nicht zu reichlichen Futterportionen (Tagesbedarf für jeweils eine Fütterung) für den Pfleger bereit, damit ein Überfüttern ausgeschlossen ist. Die Fütterung sollte dem Pfleger ausführlich erklärt werden. Lassen Sie ihn einige Abende zuvor schon in Ihrer Anwesenheit die Fische füttern und erklären Sie ihm die Gewohnheiten der Beckeninsassen und die Notwendigkeit der Überprüfung von Temperatur usw., geben Sie ihm auch die Adresse des nächsten Zoofachhändlers oder Aquarianers, damit er notfalls dort nachfragen kann, wenn Außergewöhnliches passiert.

Die Beleuchtung des Beckens soll auch während des Urlaubs die gewohnte Zeit eingeschaltet sein. Zweckmäßig ist das Ein- und Ausschalten über die Schaltuhr eines Futterautomaten. Wer keinen besitzt, muß dies von einer Pflegeperson durchführen lassen, sofern das Becken nicht durch natürliches Tageslicht (im Sommer) tagsüber ausreichend beleuchtet wird, in diesem Fall schaltet man die Lampen während der Urlaubszeit ab. Heizer und Filter bleiben jedoch eingeschaltet, auch wenn man die Fische herausfangen sollte und einem anderen Aquarianer in Pension gibt.

Jedenfalls dürfte ein jährlicher Urlaub kein Hinderungsgrund für die Anschaffung eines Aquariums sein.

Geben Sie der Pflegeperson die Prüfliste von S. 64!

Mondsichel-Falterfische *(Chaetodon lunula)* im Schwarm mit Grünen Schwalbenschwänzchen.

HALTUNG UND PFLEGE

Krankheiten, Erkennen und Behandlung

Krankheiten sind der ärgste Feind des Meerwasseraquarianers. Der Anfänger vor allem bemerkt die ersten Stadien nicht und verpaßt dadurch die besten Chancen für eine Heilung.

Ein guter Fachhändler wird Ihnen nur Fische verkaufen, die eine Quarantäne von mindestens 2—3 Wochen hinter sich haben. Schimpfen Sie nicht auf den Händler, wenn bei Ihren Fischen trotzdem eine Krankheit ausbricht. Einige Krankheiten sind immer latent am oder im Fisch vorhanden und treten erst auf, wenn der Fisch sehr geschwächt ist oder die Wasserbedingungen nicht ausreichend gut sind. Gerade in frisch zubereitetem Wasser brechen einige Krankheiten plötzlich aus, weil beim Händler möglicherweise altes Wasser Verwendung gefunden hat.

Nahezu alle neu eingekauften Fische werden zunächst einmal krank. In den meisten Fällen handelt es sich um Folgeerscheinungen einer Schwächung der Tiere auf dem Transport, durch Temperaturstürze von 26 oder 28 °C auf 20 °C und weniger — innerhalb weniger Stunden. Die Fische überleben diesen Schock zwar, die Schädigungen sind jedoch oft so stark, daß sie, noch dazu in der ungewohnten Umgebung, ein leichtes Opfer von Krankheiten werden.

Diese (meistens hervorgerufen durch Ektoparasiten oder Hautschmarotzer) sind in der Natur ebenfalls vorhanden. Die Fische sind auch mehr oder weniger davon befallen. Infolge des in der Natur fast optimalen Gesundheitszustandes der Fische und der weitaus geringeren Chance für den Schmarotzer, wieder einen Wirt zu finden, ist die Gefahr für den Fisch dort sehr gering. Im engen Aquarium jedoch findet nahezu jeder Parasit einen Wirt und zehrt an den Kräften des Fisches.

Üben Sie sich deshalb im Erkennen von Krankheiten und deren Symptomen. Lassen Sie sich bei befreundeten Meerwasseraquarianern und beim Händler kranke Fische zeigen und die besten Erkennungsmethoden und eine wirksame Behandlung erklären.

Fangen Sie zunächst nur mit wenigen preiswerten Fischen an und pflegen Sie diese einige Wochen. Wenn diese Fische gesund bleiben, fressen und Ihnen Freude bereiten, dann erst kaufen Sie noch weitere Fischarten dazu. Vergessen Sie aber niemals, neu gekaufte Fische mindestens drei Wochen im Quarantänebecken zu halen. Sie laufen sonst Gefahr, auch die alten Beckeninsassen anzustecken.

Wer sich am Anfang nicht bremsen kann und gleich für einige Hundert Mark Fische wahllos einkauft, der darf des Mißerfolges sicher sein. Teure Fische sind in vieler Beziehung heikler (deshalb sind sie ja teurer) und krankheitsanfälliger als die preiswerteren Arten. Lassen Sie die Vernunft siegen! Das Hinzukau-

Rechts: In der Natur sind Korallenfische selten krank. Hier ein Korallenriff im Roten Meer. Die grünlichen Fische sind Grüne Schwalbenschwänzchen (*Chromis viridis*). Die orangeroten Fische sind Fahnenbarsche (*Anthias squamipinnis*). Die halbschwarz-halbweißen Fische sind *Chromis dimidiatus*.

Haltung und Pflege

fen von noch hübscheren Fischen nach erfolgreicher Pflege von einfacheren Arten ist die größte Freude, die Sie sich machen können. Die Pflegehinweise geben Ihnen Auskunft über die Schwierigkeitsgrade der einzelnen Arten.

Trotz aller Vorsicht wird jeder Anfänger mit Krankheiten der Meerwasserfische die bösesten Überraschungen und Verluste erleben. Deshalb kann man nur raten, die folgenden Richtlinien pedantisch zu befolgen:

▶ Nehmen Sie jede Krankheitserscheinung ernst!
Zunächst einmal sind alle wasserchemischen Faktoren zu kontrollieren, pH-Wert, Nitritgehalt, Dichte, Temperatur und Wasserfarbe. Sicherheitshalber ist $1/3$ des Aquariumwassers gegen frisches Wasser auszuwechseln.

▶ Wenn ein erster Fisch erkrankt ist, dann sind meistens die anderen auch schon angesteckt.

▶ Behandeln Sie **alle** Fische außerhalb des Schauaquariums in einem Quarantänebecken — sofern vorhanden. Ist ein zweites Becken nicht vorhanden, so werden alle Fische im Schaubecken behandelt. Die Behandlung von Krankheiten im Schaubecken mittels Kupferpräparaten birgt eine zusätzliche Gefahr in sich: Das Kupfer wird niemals wieder aus dem Aquarium herausgehen, es sei denn durch vollständigen Wasserwechsel. Das Kupfer fällt zwar aus, weshalb ja auch die meisten Hersteller eine zweite und dritte Behandlung nach zwei bzw. vier Tagen empfehlen, sollte sich jedoch der pH-Wert einmal stark senken, so können Teile des verbliebenen Kupfers wieder in Lösung gehen und damit giftig für die Fische werden. Deshalb nach einer oder mehreren Behandlungen mit Kupfer nach Abheilen der Krankheit unbedingt einen vollständigen Wasserwechsel vornehmen, evtl. vorhandene Algenreste durch gesamte Beckensäuberung restlos entfernen (die Algen speichern Kupfer und geben dieses nach Absterben wieder frei).

▶ Niemals mehr als ein Heilmittel gleichzeitig verwenden. Sofern das erste Heilmittel keinen Heilerfolg bringt, muß mindestens $3/4$ des Wassers gewechselt werden, bevor ein zweites Mittel zur Anwendung gelangt.

▶ Setzen Sie während der Behandlungszeit keine neuen Fische in das Schauaquarium oder das Behandlungsbecken.

Lymphocystis an *Scatophagus argus*.

▶ Während der Behandlung wenig füttern, damit nicht durch Wasserverschmutzung ein Wasserwechsel und damit auch wieder neue Heilmittelzugabe notwendig werden.

Haltung und Pflege

▶ Vor und während der Behandlung bis zum Wasserwechsel nach der Behandlung den Außenfilter abstellen, sofern nicht im Quarantänebecken behandelt wird.

Krankheitsbehandlung sollte niemals in einem Aquarium mit biologischem Bodenfilter erfolgen. Schnellfilter bleiben in Betrieb.

Abgestellte biologische Außenfilter werden unbrauchbar, d. h. die im Filtermaterial vorhandenen Nitrifikationsbakterien sterben ab, wenn ihnen kein Sauerstoff zugeführt wird. Deshalb ist der abgestellte Kreiselpumpenfilter mittels eines Eimers oder eines kleineren Aquariums funktionsfähig, d. h. eingeschaltet zu halten oder vollständiger Wechsel der Filtermasse vorzunehmen.

▶ Wegen Ausfalls des Filters muß natürlich besonders gut durchgelüftet werden.

▶ Abschäumer sowie Ozon-Zufuhr sind während der Behandlung abzustellen.

▶ Nach der Behandlung im Schauaquarium ist ein vollständiger Wasserwechsel notwendig! Danach kann man den von der Heilmittelbehandlung verschonten Kreiselpumpen-Außenfilter mit „biologischem Filtermaterial" wieder verwenden und hat ihn sogleich wieder voll funktionsfähig, sofern dieser, wie auf den Seiten 43/44 beschrieben, über einem Eimer mit Sauerstoff versorgt wurde.

▶ Anstelle eines Wasserwechsels ist auch die Filterung über frische Aktivkohle möglich.

▶ Stets Tetra Medica MarinOopharm greifbar halten.

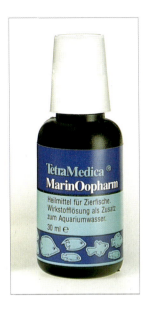

Wie erkennt man kranke Fische rechtzeitig?

Für ein ungeübtes Auge ist das Erkennen von Krankheiten eines der schwierigsten Probleme der Aquaristik.

Krankheitssymptome

Wenn neu erworbene Fische nicht innerhalb von zwei Tagen ans Futter gehen, so stimmt etwas nicht. Entweder ist ihnen das Futter ungewohnt, die Wasserbedingungen sind nicht richtig oder die **Nahrungsverweigerung** zeigt irgendeine Krankheit an. In vielen Fällen jedoch nehmen die Fische in den ersten Tagen noch Nahrung an. Erst später in fortgeschrittenem Stadium einer Krankheit stellen die Tiere dann die Nahrungsaufnahme ein. Jetzt ist es allerhöchste Zeit, die im folgenden beschriebenen Behandlungsmethoden einzuleiten.

Eine andere Ursache von Nahrungsverweigerung können Schädigungen während des Fangs der Fische im Meer mit Betäubungsmitteln (Gifte!) sein. Solcherart verantwortungslos gefangene Fische sind meist rettungslos verloren. Sie erreichen in äußerlich völlig normal aussehendem Zustand den Händler, fressen aber nicht mehr. Das Gift hat innere Organe (Leber) unheilbar angegriffen. Beim Liebhaber hält der Fisch sich dann noch für einige Tage (manchmal sogar Wochen) und geht dann abgemagert ein.

Kaufen Sie bei Ihrem Fachhändler nur solche Fische, die dort fressen. Dann sind Sie ziemlich sicher, daß dieser Fisch kein „vergifteter" ist. Übrigens haben einige Regierungen (z.B. auf den Philippinen) das Fischen mit Giften verboten. Die Gefahr wird also immer geringer werden, daß Sie derartige Fische erwerben.

Neben der Nahrungsverweigerung ist ein weiteres untrügliches Zeichen das **Scheuern** der Fische **an harten Gegenständen** oder am Boden. Dabei schwimmen die Fische ruckartig von dem Gegenstand, den sie vorher berührt haben, fort, um Parasiten abzustreifen.

Das dritte, für jeden Anfänger gut erkennbare Merkmal einer Krankheit ist zu **schnelle Atmung** der Fische. Das Maul und die Kiemendeckel werden hierbei zu schnell bewegt. Ganz grob kann man sagen, wenn die Atemfrequenz höher ist, als man mitzählen kann, besteht dringender Verdacht auf Parasiten in den Kiemen, falls kein Sauerstoffmangel im Becken herrscht. Auch zu niedriger pH-Wert oder zu hoher Nitrit-Gehalt bewirken schnellere Atmung. Diese Werte müssen also bei einer Krankheitsdiagnose überprüft werden.

Ein viertes Kennzeichen für Parasitenbefall ist das „Stehen" der Fische im Wasserstrom des Filterauslaufes oder in den aufsteigenden Perlen des Ausströmers. Hier ist mehr Sauerstoff, der dem Fisch das Atmen etwas erleichtert. Erkrankte Fische, die nicht fressen wollen, kann man kurzfristig über das Wasser ernähren. Da Meeresfische ja, wie bereits vorher gesagt, trinken, ist es möglich, ihnen flüssige Nahrung anzubieten:

Vitamin-Präparate und Traubenzucker oder besser Fruchtzucker wird ins Aquarium gegeben. Die Vitamine nach Dosierungsvorschrift der Hersteller. Traubenzucker: 1 Teelöffel für 1 l Wasser im extrem sauberen Quarantänebecken. Fruchtzucker geht sofort ins Blut, während Traubenzucker erst dem Umweg über die (oft geschädigte) Leber nehmen muß. Deshalb ist Fruchtzucker vorzuziehen (1–2 Teelöffel auf 100 l Wasser).

Die hauptsächlichsten Krankheiten bei Meerwasserfischen sind:

1. Korallenfischkrankheit
   Oodinium ocellatum
2. Pünktchenseuche
   Cryptocarion irritans – ganz ähnlich dem Süßwasser-Ichthyophthirius
3. Kiemenwürmer
4. Hauttrüber (Pilzkrankheiten)
5. Flossenfäule
6. Knötchenkrankheit
   Lymphocystis

Die Korallenfischkrankheit — Oodinium —

ist die häufigste Krankheit bei Meerwasserfischen. Sie tritt in drei Formen bzw. Stadien auf:
— im Fischdarm
— auf den Kiemen
— auf Körperhaut und Flossen

Weder im Darm noch auf den Kiemen kann man die Oodinium-Erreger erkennen. Nur auf dem Fischkörper und den Flossen kann ein geübtes Auge die stecknadelspitzengroßen, grau-weißgelblichen Pünktchen feststellen.

Starker Oodinium-Befall auf *Amphiprion clarkii*. Bei schwachem Befall würde man die einzelnen Punkte nicht mit bloßem Auge erkennen.

Auf dunklen und durchsichtigen Körperteilen vor allem lassen sich die winzigen Punkte, die anfangs nur vereinzelt auftreten, bemerken. Besonders vorteilhaft ist es, wenn man den Fisch von vorne betrachtet, wenn er direkt auf den Betrachter zuschwimmt und die Lichtstrahlen von oben oder von der Seite in das Aquarium fallen. Die winzigen Pünktchen, die man dann auf dem Fisch erkennt, sind das parasitäre Stadium des Erregers, das als Zyste den Fisch verläßt und losgelöst eine Vielzahl von begeißelten Dinosporen (Flagellaten) entläßt, die nun wieder andere oder denselben Fisch befallen.

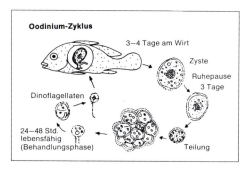

Vom Festsetzen der Flagellaten auf dem Fisch bis zum erneuten Aufplatzen der abgewanderten Zyste vergehen 7—10 Tage. Der erste Befall von Oodinium ist noch relativ leicht heilbar, wird aber meistens nicht erkannt. Symptome für den Befall mit Oodinium sind übrigens auch leichtes Flossenklemmen und das beschriebene Scheuern der Fische.

Der zweite Befall, also nach dem Teilen der ersten Zystengeneration, ist schon wesentlich stärker (meist etwa zwanzigmal so stark).

Ein geübter Beobachter kann jetzt die winzigen Pünktchen massenhaft auf der Haut des Fisches bemerken. Die Fische scheuern sich häufiger und atmen meist anomal schnell, was darauf zurückzuführen ist, daß sich die Erreger auch an den Kiemen des Fisches festgesetzt haben und damit die Atmung erschweren. Auch in diesem kritischen Stadium ist Oodinium mit den nachher beschriebenen Mitteln noch heilbar.

Die dritte Welle ist dagegen sehr gefährlich, bei heiklen Fischarten oft

Haltung und Pflege

tödlich. Die Fische wirken grau-gelblich überzogen von den jetzt dicht nebeneinanderliegenden Parasiten. Die Augen der Fische können trübe werden, die Atmung geht sehr schnell, die Fische stellen das Fressen ein. In diesem Stadium ist eine sofortige Behandlung erforderlich. Bitte, denken Sie jetzt aber daran, daß Krankheitsbehandlungen nicht im Schaubecken erfolgen sollten! Ein separates Behandlungsbecken ist erforderlich. Dieses darf den halben Rauminhalt Ihres Schaubeckens haben. Sofern kein etwas gealtertes Meerwasser zur Verfügung steht, entnehmen Sie Ihrem Schauaquarium soviel Wasser, wie für die Füllung des halben Behandlungsbeckens erforderlich ist. Die restliche Hälfte füllen Sie mit frischem Leitungswasser auf. Es ist eine Dichte von 1.015 oder eine Temperaturerhöhung auf ca. 30 °C im Quarantänebecken erwünscht. Man benötigt für dieses Becken einen regulierbaren Thermostaten mit Heizer oder einen verstellbaren Regelheizer. Im Schaubecken sterben alle Erreger innerhalb von 5–8 Tagen ab, sofern **kein** Fisch im Becken verbleibt. Das bekannteste und bewährteste Mittel zur Bekämpfung von Oodinium im Meerwasser ist Kupfersulfat (Kupfervitriol $CuSO_4 \cdot 5\,H_2O$). Man verwendet es in einer Konzentration von 0,8–1 ppm[*], d.h. 0,8–1 mg pro Liter Aquariumwasser. Bitte, beachten Sie die Gebrauchsanweisungen der verschiedenen Oodinium-Bekämpfungsmittel.

---

[*] ppm = parts per million
Gilt nur für Fische im Quarantänebecken. Wirbellose und die nitrifizierenden Bodenbakterien vertragen die Anwendung nicht.

Oodinium-Erreger kann man kaum jemals ganz in einem Fischbestand ausrotten, da sie auch im Fischdarm vorkommen und bei geschwächten Tieren von dort aus die Gesundheit des Fisches empfindlich stören können. Man kann Oodinium innerhalb des Fisches kaum bekämpfen. Schwache Fische werden, ohne daß man neu hinzugekaufte Tiere in das Becken setzt, noch nach Wochen krank. Besonders bei Neuimporten ist das häufig der Fall, obwohl die Fische äußerlich ganz gesund aussehen.

Die Pünktchenseuche Cryptocarion irritans

ist im Krankheitsablauf dem Oodinium ähnlich und ähnelt stark dem den Süßwasser-Aquarianern bekannten Ichthyophthirius. Die Erreger auf dem Fischkörper sind leichter zu erkennen als die Oodinium-Punkte. Cryptocarion

Cryptocarion-Befall auf *Forcipiger longirostris*.

ist weißlich und hat die Größe eines Metallstecknadelkopfes, die Zysten sind also wesentlich größer als die von Oodi-

HALTUNG UND PFLEGE

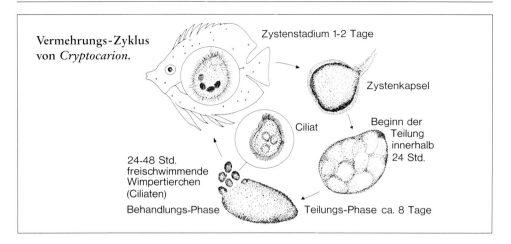

Vermehrungs-Zyklus von *Cryptocarion*.
Zystenstadium 1-2 Tage
Zystenkapsel
Ciliat
Beginn der Teilung innerhalb 24 Std.
24-48 Std. freischwimmende Wimpertierchen (Ciliaten)
Behandlungs-Phase
Teilungs-Phase ca. 8 Tage

nium. Auch hier sind wiederum die gleichen Symptome zu beobachten: häufiges Scheuern der Fische an festen Gegenständen und später schnelle Atmung.

Eine Behandlung ist mit den vorher erwähnten Kupfersulfat-Präparaten erfolgversprechend. Gefährlich ist es, die Fische nach der Behandlung gleich in das Schaubecken zurückzusetzen, weil dort noch Erreger freischwimmend vorhanden sein können und sich dann alsbald wieder auf den Fischen festsetzen. Die Zystenkapseln auf dem Boden entwickeln sich unterschiedlich schnell, daher gibt es für einige Tage freibewegliche Stadien, die dann allerdings innerhalb 24 Stunden absterben, wenn sie keinen Wirt finden. Zur Behandlung von Cryptocarion irritans sind also ebenfalls sämtliche Fische aus dem Schaubecken zu entfernen, in einem separaten Becken zu behandeln und dort mindestens 10 Tage zu belassen. Danach erst kann man die Fische wieder in das Schaubecken zurücksetzen. Tetra MarinOomed® eignet sich ganz besonders zur Bekämpfung von Cryptocarion. Man kann auch Tetra ContraIck PLUS erfolgreich anwenden. Nach 5 Tagen Anwendung ist Wasserwechsel oder Filterung über Aktivkohle erforderlich.

KIEMENWÜRMER

treten zwar sehr häufig auf, werden jedoch selten als Krankheit erkannt. Vor allem werden Falterfische, Kaiserfische und Doktorfische davon befallen. Häufig sind die Würmer für das bloße Auge sichtbar. Sie befallen zuerst die Kiemen der Fische. Nach Anheben der Kiemendeckel mit dem Fingernagel oder einem Kunststoffring (s. Bild) kann man die Würmer sehen. Es gibt ca. 50 verschiedene Arten von Kiemenwürmern. Nicht alle kann man mit bloßem Auge erkennen. Sind die Kiemen nicht blutrot, sondern ganz oder teilweise weißlich oder blaßrosa, so besteht Verdacht auf Kiemenwurmbefall. Zu schnelle Atmung der Fische ohne erkennbare Anzeichen der beiden vorgenannten Krankheiten (ausgenommen Sauerstoffmangel — evtl. durch zu hohe Temperatur, zu niedrigen pH-Wert und/oder zu hohen Nitrit-Gehalt des Wassers) ist ein fast sicheres Anzeichen für das Vorhandensein von Kiemenwürmern.

Mit Kupfersulfat-Präparaten lassen sich diese Würmer nur unzureichend bekämpfen. Eine gute und schnell wirkende Methode ist das Baden der Meerwasserfische in auf 26 °C temperiertem Süßwasser **mit einem Zusatz von 10 % Meerwasser**. Mit dieser Behandlungsmethode wurden schon die heikelsten Fischarten von Kiemenwürmern befreit und durchgebracht, selbst nachdem sie schon mehrere Tage lang die Nahrungsaufnahme verweigert hatten und schon fast zum Skelett abgemagert waren.

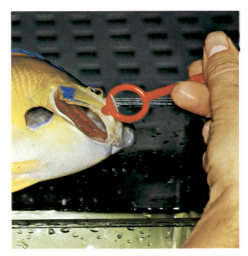

Der Kiemendeckel eines Kaiserfisches wird mit einem Plastikring angehoben, um Verletzungen an der Hand zu vermeiden.

Kiemenwurm-Diagnose: Ein Kiemendeckel wird mit dem Daumennagel angehoben.

Scheuen Sie sich deshalb nicht, die Radikalkur im Süßwasser vorzunehmen. Ein Umsetzen vom Meerwasser in völlig reines Süßwasser sollte vermieden werden. Die Behandlungszeit muß jeweils ausprobiert werden. Sie ist für die einzelnen Fischarten gänzlich verschieden. Es werden Behandlungszeiten von 20 Minuten bis zu sechs Stunden vertragen.

Bei empfindlichen Arten, insbesondere bei großen Tieren, sollte man die Behandlung nur dann durchführen, wenn eine ständige Beobachtung der Fische gewährleistet ist. Sobald sich die Fische auf die Seite legen und sichtlich Unbehagen zeigen (z. B. drehen), muß man sie wieder ins Meerwasser zurücksetzen. Die Kiemenwürmer vertragen beim Umsetzen in Süßwasser im Gegensatz zu den härteren Fischen den schnellen Wechsel des pH-Werts nicht.

Diese Behandlungsmethode kostet nichts, und sie kann mehrfach bis zur Heilung angewandt werden.

Erfolgreich hat der Autor Kiemenwürmer mit Formaldehyd (1%ig) bekämpft. 1 – 3 Tropfen dieser Lösung werden dem Fisch mit einer Pipette auf die Kiemenbögen getropft. Zuerst eine Kiemenseite behandeln, den Fisch wieder für 20 Minuten schwimmen lassen und dann die andere Kiemenseite behandeln.

Haltung und Pflege

Der Lebenszyklus, d.h. die Fortpflanzung der Kiemenwürmer, ist noch wenig bekannt. Es ist jedoch so gut wie sicher, daß die Würmer sich nicht freischwimmend im Wasser bewegen, man kann also die behandelten Fische vom Süßwasser wieder ins Schaubecken zurücksetzen. Trotzdem ist es möglich, daß an Kiemenwürmern erkrankte Fische andere Beckeninsassen anstecken.

Da die Krankheit recht gut an der Schnelligkeit der Atmung (Atemfrequenz) festgestellt werden kann, behandelt man nur solche Fische mit der Süßwasser-Kurzbad-Methode, die tatsächlich eine schnelle Atmung zeigen. Neuerdings wird Masoten (Bayer), welches als Mittel zur Bekämpfung von Karpfenläusen in Apotheken (nur gegen Rezept) zu haben ist, mit Erfolg gegen Kiemenwürmer angewandt. Die Dosierung ist 0,5 g auf 1000 Liter Wasser (0,5 ppm). Vorsicht: Masoten ist nicht ungefährlich. Kleinste Überdosierung tötet die Fische schnell. Nicht einatmen, da auch für Menschen giftig!

Hauttrüber

sind leicht zu verwechseln mit dem grau-weißlichen Überzug aus zahllosen Oodinium-Erregern auf der Fischhaut. Es sind aber meist hauttrübende Pilzerkrankungen. Fast immer sind hier schmarotzende, winzige Würmer die Grundursache, die auf der Fischhaut und auch in den Kiemen vorkommen. Sie durchbohren die Oberhaut, und so entstehen kleine Wunden, die dann leicht Angriffspunkte für Pilze bieten.

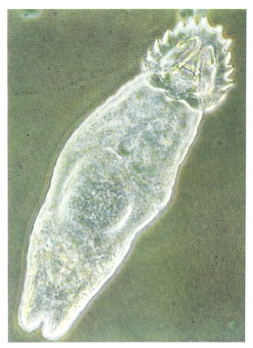

Plattwurm in Vergrößerung, mit hakenförmigen Beißwerkzeugen. Durch einen Befall mit diesen Würmern kann es leicht zu Pilzerkrankungen kommen.

Ursache kann aber auch ein Verfall der Oberhautzellen durch zu niedrige Wassertemperatur und schlechte Wasserbedingungen sein. Erkennt man auf der grauen Haut der Fische auch mit der Lupe keine einzelnen Pünktchen, so handelt es sich um solch einen Pilzbefall – sonst um Oodinium.

Zunächst einmal ist das Wasser zu prüfen auf pH-Wert und Nitritgehalt.

Meist wird man dann sehen, daß ein teilweiser Wasserwechsel dringend notwendig ist. Zur Heilung von Pilzerkrankungen empfiehlt sich Tetra GeneralTonic® (Anwendung im Quarantänebecken). Spätestens nach fünf Tagen ist der graue Hautbelag verschwunden. Nach der Behandlung mit GeneralTonic® setzt man die Fische zurück in das Schaubekken, in dem schon vorher ½ bis ¾ oder auch mehr des Beckeninhalts durch frisches Meerwasser ersetzt wurde.

Ganz besonders werden die *Amphiprion*-Arten, so *Amphiprion ocellaris*, von Hauttrübern befallen, und gerade bei diesen beliebten Fischarten hat sich eine 3-5tägige Behandlung mit Tetra GeneralTonic® im Quarantänebecken sehr bewährt. Wenn eine kleine Anzahl von *Amphiprion* zusammen mit ihren Symbiose-Anemonen gepflegt wird, werden die Fische nur sehr selten von Krankheiten befallen. Zu stark abgesunkener pH-Wert (unter pH 8) und zu hoher Nitritgehalt sind Hauptursachen für Hauttrüberbefall.

FLOSSENFÄULE

tritt bei Meerwasserfischen recht selten auf und wenn, dann meist im Zusammenhang mit anderen Krankheiten, insbesondere Hauttrübungen. Ursache ist auch hier meist schlechtes Wasser. Behandlung durch Wasserwechsel und danach Tetra GeneralTonic®.

DIE KNÖTCHENKRANKHEIT — LYMPHOCYSTIS

befällt vorwiegend Flossen- und Kiemendeckelränder. Der Befall dringt vom Außenrand immer mehr nach innen, so daß im fortgeschrittenen Stadium z.B. die gesamte Flossenfläche mit knötchenartigen, gallertig-weißen Geschwüren befallen ist.

Eine Heilung mit Medikamenten ist in den meisten Fällen erfolglos. Ein radikales Mittel hat sich dagegen bisher — auch bei wertvollen Tieren — bewährt: Abschneiden der befallenen Flossenränder mit einer scharfen Schere und Einpinseln der Schnittstellen mit Jod-Tinktur (aus der Apotheke).

Vorsicht mit den Kiemendeckeln! Die Tinktur darf nicht in die Kiemen oder auf die Augen der Fische gelangen. Auch ist Vorsicht beim Festhalten des Fisches geboten (mit einem nassen Tuch). Am besten, man legt den Fisch in eine flache Schale mit etwas Wasser. Das spritzt zwar unter Umständen (Badewanne als Umgebung benutzen), aber schadet dem Fisch am wenigsten. Vorsicht auch mit Schere und evtl. langen Fingernägeln. Der Fisch in der Schale bewegt den Körper oft so unerwartet schnell, daß böse Verletzungen am Fisch

Flossenfäule und aufbrechende Geschwüre lassen entweder auf *Ichthyosporidium* (s. Tabelle S. 82) schließen — die Krankheit ist unheilbar — oder auf die Vibrio-Krankheit (s. S. 84). In jedem Fall sind solcherart erkrankte Fische herauszufangen, um andere Beckeninsassen nicht anzustecken. Die Abbildung zeigt *Chaetodon kleini*.

Kaiserfische besitzen einen Dorn am unteren Rand des Kiemendeckels (sehr gut sichtbar bei diesem Zwergkaiserfisch *Centropyge eibli*), der bei unvorsichtiger Vorgehensweise zu Verletzungen führen kann.

entstehen können. Aber auch die eigenen Hände können durch scharfe Flossenstrahlen oder Kiemendeckelstacheln verletzt werden. Die gesamte Behandlungsmethode läßt sich nur mit einigem Risiko und nur bei größeren Fischen (etwa ab 8 cm) durchführen.

Es handelt sich hier um eine übertragbare Viruserkrankung, die durch schlechte Wasserbedingungen möglicherweise gefördert wird. Sie ist auch aus dem Süßwasser bekannt. Regelmäßig Wasserwechsel vornehmen und Nitrit/Nitrat-Kontrollen häufig genug durchführen (wenigstens alle zwei Wochen).

Nach der Behandlung mit Jod und dem Flossenabschneiden ist der Fisch in ein Becken mit gutem Wasser zurückzusetzen. Zur Vermeidung von sekundären Entzündungen und Pilzbefall der Flossenränder setzt man GeneralTonic® zu.

Noch einmal: Bei neu hinzugekauften Fischen muß man mit großer Wahrscheinlichkeit damit rechnen, daß die Fische krank werden, deshalb diese Fische nicht in ein bereits mit Fischen besetztes Aquarium setzen, sondern zunächst in einem Quarantänebecken beobachten und, falls erforderlich, behandeln.

Nach jeder Behandlung im Quarantänebecken das Wasser vollständig erneuern, damit nicht verschiedene Heilmittel gemischt oder unkontrolliert hohe Anreicherungen entstehen.

Nur wenn Sie ein neues Aquarium besetzen wollen und kein Quarantänebecken besitzen, können alle Fische auf einmal in das (einzige) Schaubecken gesetzt werden. Die ersten 2–4 Wochen müssen sie dann aber besonders genau beobachtet werden, und sollten Krankheiten auftreten, dann müssen sie eben dort wie angegeben behandelt werden. Der Anfänger tut gut daran, vorbeugend gleich mit Tetra Medica MarinOopharm zu behandeln. Damit ist den gefürchtetsten Korallenfischkrankheiten von vornherein Einhalt geboten.

Eine normale Entwicklung der natürlichen Bakterienfauna ist bei Ver-

Haltung und Pflege

Lymphocystis an einer Brustflosse von *Pomacanthus ciliaris*. Die weißen Knötchen sind wesentlich dikker als bei der Pünktchenseuche *Cryptocarion*.

wendung von Medikamenten (außer Tetra MarinOopharm) für Wochen oder sogar Monate nicht zu erwarten, da die Medikamente diese vernichten. Nach der Behandlung von Krankheiten im Schaubecken ist ein nahezu vollständiger Wasserwechsel zu empfehlen.

Kupfervergiftung

Nach Behandlung mit Kupferpräparaten tritt manchmal bei empfindlichen Fischarten, z.B. bei Kaiserfischen und Falterfischen, nach Überdosierung oder bei Nachbehandlung etwas ein, das den Anfänger in Panik geraten läßt. Die Fische hängen mit dem Bauch an der Oberfläche, krümmen sich oder liegen am Boden, atmen nur noch langsam und zeigen kaum noch ein Reflexvermögen. Sie reagieren nicht mehr auf Netz oder Hand. Die Anzeichen lassen auch auf Nitrit-Ammoniak-Vergiftung schließen (sind tote Fische vorhanden?). Sofort Nitritmessung und anschließend Wasserwechsel vornehmen.

Das Kupferpräparat wurde wahrscheinlich bei einer Behandlung überdosiert. Hier hilft nur schnelle Reaktion des Pflegers: Einen Eimer Wasser aus dem Becken entnehmen und Fisch(e) hineinsetzen. Im Eimer gut durchlüften. Nach 20 Minuten Fisch(e) in ein Aquarium setzen, in welchem keine Kupferbehandlung durchgeführt wurde. Besitzen Sie nur ein Becken, so ist in der Zwischenzeit hier der halbe Wasserinhalt gegen frisches Meerwasser auszutauschen. Damit wird die Kupferkonzentration halbiert.

Dieser *Pomacentrus coelestis* wurde von stärkeren Artgenossen gebissen. Die Schwanzflosse ist bis zum Stiel abgefressen. Auch die Seite ist stark angegriffen. Man sieht es an den fehlenden Schuppen. Da hilft nur ein Separieren und eine Behandlung mit Tetra GeneralTonic PLUS.

HALTUNG UND PFLEGE

Farbenfrohe Ansammlung von *Spirobranchus giganteus*.

HALTUNG UND PFLEGE

Krankheitstabelle — Die wichtigsten Krankheiten und Schädigungen

Krankheit (Diagnose)	Ursache (Fehlerquelle)	Krankheitsbild (Begleiterscheinung)
Avitaminose (Vitaminmangel)	Einseitige Ernährung (wie Tubifex, Enchyträen)	Löcher in den Kiemendeckeln, geschwollene Kiemen, rote Adern auf dem ganzen Körper, abgestoßene Maulenden, evtl. v. Pilz befallen.
Cryptocarion irritans Meerwasser-Pünktchenseuche, Meerwasser-Ichthyo	Einzellige Wimpertierchen (Ciliaten) Bilden Zyste unter und auf der Haut des Fisches. Diese stoßen eine Kapsel ab, welche innerhalb von 24 Std. beginnt, sich am Boden zu teilen. In den nächsten 8 Tagen entstehen daraus bis zu 200 Wimpertierchen, die beweglich sind. Diese suchen einen neuen Wirtsfisch, um sich auf ihm festzusetzen.	Weiße, stecknadelkopfgroße Knötchen a Haut und Flossen, auf dunklen Körperp tien und durchsichtigen Flossen sicher erkennbar. Scheuern der Fische am Boc und scharfen Gegenständen.
Fischläuse (Argulus, ca. 100 Arten)	Befall mit 2 – 55 mm langen Fischläusen.	Runde, rot gesäumte, kleine Vertiefunge (Wunden), hervorgerufen durch Bisse d Krebse.
Hauttrüber (bei Amphiprion-Arten, nicht zu verwechseln mit Oodinium!)	1. Bakterienbefall (im Zusammenleben mit einer Anemone tritt der Befall nicht auf) 2. Gyrodactylus (kleine Würmer) 3. Durch schlechtes Wasser	Grauer Hautbelag, später auch trübe Au
Ichthyosporidium (Ichthyophonus) Pilzkrankheit, hervorgerufen durch Ansteckung über Sporen	Die Erreger entwickeln sich im Magen/Darm und werden mit dem Kot ausgeschieden (Ansteckung!). Einige stoßen durch die Darmwand und wandern über den Blutstrom in Leber, Herz und Niere, wo sie sich abkapseln. Die spätere Zyste teilt sich mehrfach und schädigt das Organ derartig, daß der Fisch stirbt. Die Aufnahme der Krankheit kann durch Kleinkrebse (Copepoden) erfolgen; im Meerwasserbecken können diese nur durch Einschleppung vorkommen, so daß zu vermuten ist, daß derartig befallene Fische schon in der Natur krank gewesen sind. Schlechte Wasserbedingungen begünstigen die Verbreitung.	Fischhaut und Schuppen sind rauh wie Sandpapier. Im späteren Verlauf drehen die Fische um die eigene Achse und sch keln. Manchmal Bildung von Geschwüre und Aufplatzen der Haut (Hautblutunge Gewichtsverlust und blasser werdende Haut. Flossenverfall. Ständig offenes Ma Tod tritt manchmal erst nach sechs Mon ten ein.
Kiemenkrebse	Copepoden der Gattung Ergasilus von 0,2 bis 2,0 mm Länge. Die Zangen der Krebse bohren sich in die Kiemen.	Bei Anheben der Kiemenbögen sieht ma die weißlichen Tiere, besonders auch di graubraunen Eierschläuche zwischen de roten Kiemenlamellen. Im späteren Verl werden die Kiemen blaßrosa.
Kiemenwürmer, z. B. Trematoden (Benedenia melleni) Es gibt einige Dutzend Arten Kiemenwürmer.	Parasitische Würmer, die Eier legen; daraus entstehen in 6 – 8 Tagen freischwimmende Larven, diese wiederum setzen sich auf anderen Fischen fest, was ca. 6 Std. dauert.	Kiemenbefall, offene Wunden, Schuppen verlust. Sekundär-Befall mit Bakterien.

HALTUNG UND PFLEGE

der Meerwasserfische im Aquarium

Quarantänezeit Ansteckung Behandlungsdauer	Erkennungsmöglichkeit	Heilung (Abhilfemaßnahmen)	Dosierung und Anwendung
entfällt entfällt 3 – 4 Wochen	Durch Beobachtung	Wasserwechsel, TetraRubin für 4 Wochen. Falls keine Flocken genommen werden, flüssige Vitaminzugabe. (Meerwasserfische trinken!)	Flüssige Vitamine auf Brine Shrimps oder Mysis tropfen, evtl. Einspritzung mit BVK Roche (aus der Apotheke).
bis zu 4 Wochen ja, sehr mindestens 2 Wochen	Mit bloßem Auge sichtbar (Seitenlicht!) Ø der Zyste ca. $\frac{1}{2}$ mm. Ø der Wimpertierchen ca. $\frac{1}{20}$ mm.	1. Kupfersulfat 2. Tetra Medica MarinOopharm (tötet die Bakterienfauna nicht ab) 3. Tetra Contralck PLUS 4. Chininhydrochlorid (tötet die Bakterienfauna nicht ab) Kupferhaltige Heilmittel niemals zusammen mit Tetra GeneralTonic PLUS verwenden.	0,8 bis 1 mg auf 1 l Wasser. Nach erfolgter Heilung $\frac{3}{4}$ Wasserwechsel und Beckensäuberung von Algen. Normaldosis, danach halbe Dosis alle 2 – 3 Tage, bis alle Zysten verschwunden sind (dauert manchmal bis zu 2 Wochen). Normaldosis: nach 4 Tagen halbe Dosis. In Becken ohne Bodengrund Anwendung nicht sicher genug. 1 – 2 g auf 100 l Wasser. Wasserwechsel jeweils nach 2 – 3 Tagen und Wiederholung, bis Heilung sicher.
2 Wochen ja, die Krebse wechseln den „Wirt" Ablesen mit Pinzette, Desinfektion des Beckens	Mit bloßem Auge sichtbar, Befall ziemlich selten.	Heilung nur mit Mitteln möglich, die auch den Fisch schädigen (Masoten). Sekundär-Infektion (Bakterien und Pilzbefall) mit TetraGeneralTonic PLUS	1:100 000 (0,5 – 1 g auf 100 l Wasser, Kurzbad für 15 Min.). Wiederholung falls erforderlich. 1 ml auf 2 l Wasser.
1 Woche ja 3 – 5 Tage	Durch Augenschein; Gyrodactylus (1,5 mm lange Würmer) sind mikroskopisch oder manchmal auch mit dem bloßen Auge zu sehen.	Wasserwechsel, dann Zugabe von Tetra GeneralTonic PLUS	je 1 ml auf 2 l Wasser.
hat keinen Sinn möglich nicht heilbar	Nur mikroskopisch durch den Fachmann am toten Fisch nachweisbar (kleine dunkle Flecken in Leber, Niere oder Herz).	Heilung nur selten möglich, Stärkung der Widerstandskraft durch Vitamingaben. Gutes Futter (TetraMarin und TetraRubin). Krank erscheinende Fische entfernen (separieren) und abtöten, sofern sie sich nicht sichtbar erholen.	3 – 4 Futtergaben täglich.
nicht erforderlich, außer bei augenfälligem Befall möglich 1 Woche	Mit bloßem Auge zu sehen oder je nach Art nur mikroskopisch nachweisbar	Masoten Kaliumpermanganat Formalinbad Formalintropfen direkt auf die Kiemen, dann ins Wasser zurücksetzen, immer nur eine Kiemenseite auf einmal.	1:100 000 (0,5 – 1 g auf 100 l Wasser, Kurzbad für 15 Min.) 1 g auf 1000 l Wasser 1 ml 35 – 40%ig auf 1 l Wasser für 10 Min., dabei stark durchlüften 1:100
10 Tage ja, aber selten 8 Tage	Anheben des Kiemendeckels. Die Kiemen müssen bei einem gesunden Fisch blutrot sein, blaßrosa Kiemen lassen auf Befall schließen. Larven sind 0,2 mm lang, ausgewachsene Würmer ca. 4 mm, also mit bloßem Auge sichtbar. Einige Arten sind auch kleiner.	Süßwasserbad für 15 Minuten bei gleicher Temperatur wie im Aquarium. Der hierdurch eintretende pH-Schock schädigt die Würmer, während die Fische diesen leichter überstehen. Bakterienbefall mit Tetra GeneralTonic PLUS behandeln. Masoten	 0,5 g auf 1000 l Wasser. Vorsicht, das Mittel wird nur von kräftigen Fischen vertragen.

Haltung und Pflege

Krankheit (Diagnose)	Ursache (Fehlerquelle)	Krankheitsbild (Begleiterscheinung)
Lymphocystis (Kugelkrankheit)	Viren, die sich auf Haut und Flossen, meist an den Rändern, festsetzen. Die weißen geschwürartigen Verdickungen werden durch Reaktionen der Haut hervorgerufen.	Weiße, knötchenartige Verdickungen de Flossen und Kiemendeckelränder, späte über den ganzen Körper verbreitet. Sek därbefall mit Bakterien schädigt den Fis zusätzlich.
Oodinium ocellatum Korallenfischkrankheit „Die Geißel des Meerwasser-Aquarianers"	Dinoflagellat, der sich auf Haut und besonders in den Kiemen festsetzt, sich nach 3 – 4 Tagen ablöst und 256 bewegungsfähige Sporen nach einer kurzen Ruhepause von 3 Tagen entläßt. Diese Sporen finden im Aquarium schnell wieder einen „Wirt". Im Sporenstadium läßt sich die Krankheit gut bekämpfen.	Maul steht offen (abgespreizte Kiemend kel), heftige Atmung. Fische „stehen" im Luftstrom des Ausströ mers oder in der Wasserströmung des F terauslaufs. Dunkle Hautpartien zeigen b starkem Befall samtartigen Belag: weißli gelb-graue Pünktchen, die nur mit der L sichtbar sind, bedecken die Körperpartie Fische scheuern sich. Bei stärkerem Befa wird die Nahrungsaufnahme eingestellt. Dann ist es für die Behandlung allerhöcl Zeit.
Pilzbefall	Wunden, verursacht durch Copepoden, Dactylogyrus und Gyrodactylus. Die Pilze setzen sich auf den Wundrändern fest.	Sekundärer, watteartiger Pilzbefall der Wunden.
Verstopfung	Einseitige Ernährung, kaltes unaufgetautes Frostfutter, Nahrung ohne Ballaststoffe, Überfütterung.	Keine Nahrungsaufnahme, aufgequollene Leib, kein Interesse an der Fütterung ode lustloses Spucken von Futter.
Vergiftungen: 1. Metallvergiftung 2. Nitrit-, NH$_3$-Vergiftung 3. Chemikalienvergiftung 4. Kugelfischvergiftung, Seegurken-Vergiftung 5. Schwefelvergiftung	1. Gegenstände im Becken (einschl. Steine) mit Kupfer-, Zink- oder auch Messingspuren, meist jedoch durch Überdosierung von Kupferheilmitteln oder kupfernen Warmwasserboilern und -leitungen. 2. Überfütterung, Überbesetzung, neues Becken biologisch noch nicht „eingefahren". 3. Haar- und Insektenspray, Reste von Waschmitteln im Eimer, der für Wasserwechsel benutzt wurde etc. 4. Kugel-, Koffer- und Igelfische können durch Tod oder Erschrecken ein Gift absondern, das alle Beckeninsassen abtötet, deshalb hält der Anfänger diese Fischarten zunächst besser nicht. 5. Fauliger Bodengrund, stehengebliebener Filter.	1. bis 3. Trübe Augen, Atemnot, Unruhe und späte res Taumeln im Wasser; im Endstadium g gen die Fische gekrümmt am Boden ode der Oberfläche und reagieren nicht meh 4. und 5. Trübe Augen, Atemnot, der Tod tritt bei empfindlichen Arten innerhalb kurzer Ze ein. Die restlichen Fische kann man nur durch sofortige Herausnahme aus dem B ken retten.
Vibrio-Krankheit Fleckenkrankheit (Vibrio anguillarum)	Bakterienbefall von Vibrio anguillarum (Pseudomonas-Bakterien). Verursacht durch Temperaturschwankungen, Überbesetzung, schlechte Ernährung, Wunden durch Transport (Netzfang anstatt mit Glasbecher).	Appetitlosigkeit, Verfärben von Hautpart Flossenfäule, später offene Wunden und Geschwüre, Rötung des Afters, ebenso de Flossenränder.
Wunden	Äußerliche Verletzung durch Netz; Bißwunden durch raufflustige Beckeninsassen; Krebsparasiten; aufbrechende Geschwüre	Wunden an Flossen, Haut und Kiemen; da Fleisch tritt rosa gefärbt hervor; meist ist die Schwanzflosse besonders in Mitleide schaft gezogen. Wunden können auch du Kiemenkrebse und Fischläuse sowie durc innere Organerkrankungen, z.B. Ichthyophtonus, hervorgerufen werden.

Haltung und Pflege

Quarantänezeit / Ansteckung / Behandlungsdauer	Erkennungsmöglichkeit	Heilung (Abhilfemaßnahmen)	Dosierung und Anwendung
keine, falls kein Befall sichtbar / ja, selten / bis zur Abheilung, oft mehrere Wochen	Befall deutlich mit bloßem Auge sichtbar.	Wasserverdünnung auf 1.015 Dichte für 1 Woche. Ozon und/oder UV-Bestrahlung, um Sekundärinfektionen zu bremsen. Befallene Flossenteile abschneiden, mit Jodtinktur bepinseln; Wasserbedingungen verbessern durch Wasserwechsel und Zugabe von Tetra GeneralTonic PLUS	1 ml auf 2 l Wasser
mindestens 10 Tage / ja, sehr schnell / 15 Tage. Da die Parasiten auch im Darm vorkommen, dort aber nicht behandelt werden können, ist die Ausdehnung der Quarantäne-Zeit ca. 10 Tage nach der äußeren Ausheilung empfehlenswert.	Winzige, stecknadelspitzegroße Knötchen von gelblich-grauer Tönung auf Haut und Flossen sichtbar (Seiten- oder Auflicht!). Später scheint der Fisch wie mit Puderzucker bestreut. Ø der Zyste $1/20$ mm, daher Lupe zur Erkennung oder noch besser Mikroskop benutzen.	Kupfersulfat / Chininhydrochlorid / Tetra Medica MarinOopharm	0,8 – 1 mg auf 1 l Wasser. Nach erfolgter Heilung $3/4$ Wasserwechsel und Beckensäuberung von Algen. 1 – 2 g auf 100 l Wasser. Wasserwechsel jeweils nach 2 – 3 Tagen und Wiederholung, bis Heilung sicher. 1 ml auf 5 l Wasser. Wiederholung $1/2$ Dosis alle 48 Std., bis keine Krankheitserscheinungen mehr sichtbar.
entfällt / ja / 10 Tage	Sichtbar; watteartiger Befall der Wunden	Verbesserung der Wasserqualität (Wasserwechsel). Zugabe von Tetra GeneralTonic PLUS	1 ml auf 2 l Wasser
entfällt / nein / 2 – 8 Tage	Durch Beobachtung	Süßwasserbad (Osmoseschock). Keine Fütterung an 2 – 3 Tagen, Algennahrung (Ballast) geben, falls der Fisch Pflanzennahrung annimmt. In schweren Fällen Rizinus in die Maulöffnung tropfen.	1 ml auf 1 l Wasser / 1 – 2 Tropfen
entfällt / entfällt / 20 Minuten bis zu einigen Tagen.	Ursache der Vergiftung durch Cu- oder NO_2-Test ergründen. Falls kein Nachweis, dann prüfen, ob ein Spray in Beckennähe verwendet wurde. Kugelfischvergiftung ist nicht nachweisbar. Schwefelvergiftung durch Geruchsprobe des Bodengrundes und der Filtermasse. Stechender Schwefelgeruch zeigt Schwefel an (Geruch nach faulen Eiern).	Für 1. bis 3. Wasserwechsel vornehmen, währenddessen erkrankte Fische in einen Eimer mit frischem Meerwasser umsetzen. Gut durchlüften! Ein aufnahmebereites Quarantänebecken ist der beste Platz zur Rettung der Fische, falls dieses nicht schon mit kranken Fischen besetzt ist. 4. nicht heilbar, nur rasches Umsetzen in frisches Wasser hilft manchmal, wenn die Vergiftung noch nicht zu lange gewirkt hat. Sofort starke Kohlefilterung (mind. 1 l Kohle für 100 l Wasser). 5. Bodengrund bzw. Filtermasse müssen erneuert werden. Evtl. $3/4$ Wasserwechsel.	
8 Tage / bei schlechten Wasserbedingungen ja, sonst selten / 7 Tage	Nur für Fachleute mikroskopisch nachweisbar.	Beseitigung der schlechten Bedingungen. Zugabe von GeneralTonic® in schweren Fällen Chloramphinecol, alle 2 Tage $1/2$ Wasserwechsel und Nachdosierung.	GeneralTonic®: 1 ml auf 2 l Wasser. 13 mg auf 1 l Wasser
3 – 8 Tage / nein / 3 – 8 Tage	Äußerlich sichtbar.	Tennung der verletzten Tiere. Gutes Wasser mit Zugabe von Tetra GeneralTonic PLUS bieten. Sparsam füttern, Wunden evtl. mit Jod bepinseln.	1 ml auf 2 l Wasser

Haltung und Pflege

Die „Goldenen Regeln" für den Meerwasser-Aquarianer:

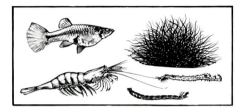

1. Mit einfachen Fischarten beginnen. Machen Sie sich mit den Eigenarten der einzelnen Beckeninsassen vertraut, damit Sie Abweichungen vom normalen Verhalten sofort erkennen.
2. Fischbesetzung: Zu Anfang nicht mehr als 1 cm Fisch auf 10 Liter Wasser.
3. Auf die Verträglichkeit der Fische untereinander achten.
   Die Nahrungsansprüche der einzelnen Fischarten sollten aufeinander abgestimmt sein.
4. Stets für gute Durchlüftung und Filterung sorgen. Bei Verwendung eines Abschäumers tägliche Entleerung des Abschäumertopfes.
5. TetraMarin Großflocken als Futtergrundlage verwenden. Richtige Futtermenge erproben. Im Quarantänebecken und während der ersten vier Wochen auch im Schaubecken äußerst sparsam füttern.
6. Wöchentliche Dichtekontrolle: 1.022 – 1.024; pH-Wert und Nitritgehalt des Wassers mindestens alle 14 Tage überprüfen.
7. Bei Zukauf Fische stets in das Quarantänebecken einsetzen. Falls kein Quarantänebecken vorhanden, ist nach einer Behandlung mit Medikamenten im Schaubecken die gesamte Wassermenge zu wechseln. Außerdem sind Bodengrund und Filtermasse gründlich auszuwaschen, da die dort angesiedelten nützlichen Bakterien durch Medikamente abgetötet worden sind.

Dekorativ ist die hier abgebildete Traubencaulerpa, *Caulerpa racemosa*

8. Niemals ungereinigte Korallen ins Meerwasserbecken bringen. Daran befindliche Eiweißreste vergiften das Wasser innerhalb von 24 Stunden. In einem solchen Vergiftungsfall hilft nur: Umsetzen der Fische in frisch angesetztes Meerwasser für 20 Minuten. Dann Einsetzen der Fische in altes Meerwasser eines anderen Beckens oder in frisches Meerwasser

HALTUNG UND PFLEGE

Einige Falterfische (hier *Chaetodon lunula*) kommen in der Natur sowohl paar- als auch schwarmweise vor.

9. Wechsel von $\frac{1}{4}$ bis $\frac{1}{3}$ der Wassermenge mindestens alle vier Wochen. Bei starker Besetzung des Beckens öfter.
10. Zur Reinigung von Filtermassen im Außenfilter stets Meerwasser verwenden. Frisches Leitungswasser würde nützliche Bakterienkulturen abtöten. Ausgenommen von dieser Regel sind Schnellfilter des Quarantänebeckens.
11. Für Grünalgen-Wachstum sorgen: **Keine Medikamenten-Anwendung** im Schaubecken; regelmäßiger Wasserwechsel, ausreichend Licht.
12. Zur Wasseraufbereitung gutes Meersalz verwenden. Immer eine gute Portion Meersalz in Reserve halten.
13. Fische niemals mit dem Netz fangen, sondern Glasbehälter verwenden und die Fische mit dem Netz hineintreiben, sonst wird die empfindliche Fischhaut verletzt.

14. Mindestens folgende Präparate in Vorrat halten:
    TetraTest pH   (7 −9,0)
    TetraTest GH + KH
    TetraTest Nitrit (NO_2)
    TetraTest Nitrat (NO_3)
    TetraTest Ammoniak (NH_3)
    TetraTest (O_2)
    Tetra GeneralTonic PLUS
    Tetra MarinOopharm
    Tetra AquaSafe
15. Schreiben Sie auf einen Zettel, der am Aquarium hängt, alles auf, was Sie (außer Fütterung) im Aquarium unternehmen: Jede Medikamenten-

Doktorfische kommen in der Natur schwarmweise vor. Im Aquarium sind sie einzeln zu halten.

zugabe mit Dosierung, Wasserwechsel, Fischbesatz, pH-, Nitrit-, Nitratmessung etc.
Während der ersten sechs Monate Ihres Meerwasser-Aquarianerlebens sollten Sie wöchentlich alle wichtigen Meßdaten in eine Tabelle eintragen. Besonders wichtig sind NO_3-, NO_2-Messungen und die Wasserwechsel. Die daraus abgeleiteten Erfahrungen verbessern Ihren Erfolg.

Die Fische

Einiges über Fang und Import

Von den bisher über eine Million bekannten und wissenschaftlich beschriebenen Lebewesen interessieren uns hier nur die Fische, deren Zahl man auf etwa 20 000 schätzt, und von diesen nur diejenigen Arten, die auch wirklich für das Meerwasserbecken des Anfängers empfehlenswert sind. Selbstverständlich gibt es mehr für das Aquarium geeignete Arten, als dieses Büchlein erfassen kann. Die Auswahl der hier abgebildeten und ganz kurz beschriebenen Arten wurde ausschließlich darauf abgestimmt, ob der Fisch einfach zu pflegen und im Handel zu erwerben ist. Was nützt dem Aquarianer die Beschreibung eines Fisches, den er dann im Fachhandel nicht kaufen kann?

Selbstverständlich sind die Möglichkeiten, bestimmte Fischarten zu bekommen, geographisch verschieden. So wird man in den USA z. B. mehr und leichter Fischarten aus der Karibischen See oder den Küstengewässern Floridas bekommen können als in Europa. Die Nähe der Fanggebiete und günstige Verbin-

Die Karibik ist die Heimat vieler im Aquarium gehaltener Meeresfische.

DIE FISCHE

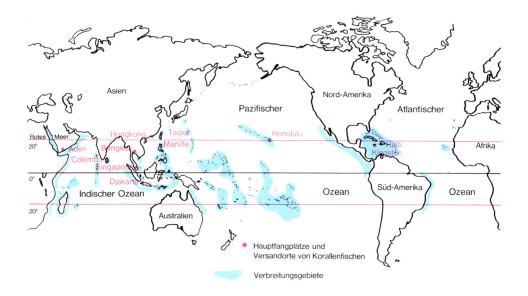

Die Verbreitung der Korallenfische und ihre Fanggebiete.

dungen zu internationalen Flugplätzen, die wiederum möglichst nahe den Fangplätzen tropischer Korallenfische gelegen sein müssen, sind für den Handel von entscheidender Bedeutung.

In Europa hat sich eine ganze Anzahl von Fischimporteuren darauf spezialisiert, Korallenfische aus allen Teilen der Welt zu einigermaßen vernünftigen Preisen in die Zoologischen Fachhandlungen zu bringen und sie damit dem Liebhaber zugänglich zu machen. Europa liegt ungefähr in der Mitte zwischen den Hauptfangplätzen tropischer Meerwasserfische. Infolgedessen können wir die Fische aus dem Pazifischen Ozean, dem Indischen Ozean und aus der Karibischen See zu etwa gleichen Bedingungen erhalten.

Im Gegensatz zu tropischen Süßwasserfischen sind die Meeresfische im Aquarium meist weniger gut haltbar; da sie sich – bis auf wenige Ausnahmen – im Aquarium nicht vermehren lassen, sind sie auch wesentlich teurer als die meisten Arten tropischer Süßwasserfische.

Jeder Meerwasserfisch, der im Aquarium des Fachhandels oder bei Ihnen schwimmt, ist also ein Wildfang, d.h., man hat ihn wenige Tage oder Wochen, bevor Sie ihn kauften, aus seiner natürlichen Umgebung herausgefangen, in einen Plastikbeutel mit Wasser und Sauerstoff gesteckt und von Sri Lanka, Manila, Singapur oder Georgetown nach Frankfurt, London, Paris, Brüssel oder Amsterdam geschickt. Diese Flugreise dauert oft mehr als 18 Stunden, und abgesehen von erheblichen Temperaturveränderungen von z.B. 28°C in Singapur und 20°C bei der Ankunft in Frankfurt leidet der Fisch während des Transportes ständig unter Raumnot und

89

zunehmend abfallendem Sauerstoffgehalt des Wassers. Außerdem muß er hungern. Die Folgen für den Fisch sind innere Störungen und Abmagerung, vielfach verweigert er in der neuen Umgebung dann die Nahrungsaufnahme, muß er sich doch auch noch auf andere Nahrung umstellen. Verluste, gerade bei empfindlichen Arten, sind daher unabwendbar. Insbesondere Krankheiten machen den neu importierten Fischen zu schaffen, denn jene haben bei einem geschwächten Körper viel leichter die Möglichkeit, sich auszubreiten, als bei einem gesunden, kräftigen Tier. Darüber lesen Sie bitte mehr im Kapitel „Krankheiten".

Werden an dieser Stelle Haltung und Import der tropischen Meerwasserfische nicht etwas zu schwarz gemalt? Grund genug dafür ist vorhanden! Die Schönheit vieler Korallenfische verlockt Unerfahrene zum Kauf. Nach groben Schätzungen überleben höchstens die Hälfte aller Meerwasserfische, die importiert werden, die ersten acht Wochen nach dem Fang. Ein Teil der Tiere stirbt schon beim Fänger, ein anderer Teil auf dem Transport. Wiederum ein Teil geht bei den Importeuren und den Fachhändlern ein; der größte Teil jedoch verendet schließlich früher oder später in den Aquarien des Anfängers.

Alle an Fang und Import Beteiligten haben, so sollte man wenigstens annehmen, einige Erfahrung in der Behandlung von frisch gefangenen Meerwasserfischen. Ein Anfänger hat diese jedoch nicht!

Allein aus dem Gedanken des Naturschutzes heraus möge sich deshalb jeder

Seepferdchen hält man am besten im Artenbecken und einem *Caulerpa*-Dikkicht. Sie benötigen ausschließlich feine, lebende Nahrung. Man sollte sie nicht mit anderen Fischen zusammen halten. Für das Becken mit wirbellosen Tieren sind sie willkommene Mitbewohner.

Pfleger von Korallenfischen einmal klarmachen, daß er mit dem Kauf eines seltenen Fisches dazu beiträgt, die Korallenriffe von diesen Arten immer mehr zu entblößen. Tatsache ist, daß eine große Anzahl von Riffen schon leergefischt und durch skrupelloses Fischen der Bestand fast vernichtet ist, so daß es Jahrzehnte dauern mag, bis sich dort — wenn überhaupt — wieder Falter- oder Kaiserfische ansiedeln können und werden. Der Verfasser will hier nicht übertreiben und das Halten von Korallenfischen überhaupt verteufeln, möchte aber dennoch dem Meerwasseraquarianer diese Übelstände vor Augen führen, und zwar mit der herzlichen Bitte, daß er sich am Anfang auf solche Fischarten beschränke, die einigermaßen robust sind. Das sind glücklicherweise auch die Arten, die in der Natur noch in großer Anzahl vorkommen und sich auch stark vermehren, so daß sie praktisch nicht ausgerottet werden könne, zumindest nicht durch vernünftig betriebenen Fischfang.

Auf die Bedrohung der Korallenfisch-Bestände durch Umweltverschmutzung soll an dieser Stelle nicht eingegangen werden.

Zum Schluß noch eine Bitte an die Importeure und Händler:

Verstehen auch Sie die oben geschriebenen Worte richtig. Seien Sie sich darüber klar, daß dieser Appell an die Aquarianer Ihnen nur Nutzen bringen kann! Denn nur durch Verringerung der Verlustzahlen wird sich die Zahl der Meerwasseraquarianer vergrößern. Ein aufgeklärter Kunde ist ein guter Kunde, denn er behält sein Aquarium auch Jahre hindurch. In diesem Zeitraum hat er Gelegenheit, genügend Erfahrungen auch in der Pflege der empfindlicheren Fischarten zu sammeln. Was liegt dem Aquarianer oder Ihnen daran, wenn das neue Aquarium aus Enttäuschung über

Falterfische, wie *Chaetodon trifasciatus* ernähren sich hauptsächlich von Korallenpolypen. Die Falterfische sind geschützt.

einen teuren Verlust wieder abgeschafft wird?

Auf jeden Fall ist es ein Vorurteil anzunehmen, daß Meerwasserfische ganz allgemein viel zu schwierig zu halten seien, als daß sich eine breitere Bevölkerungsschicht dafür interessieren könnte.

Dieses Vorurteil trifft nur sehr bedingt zu.

Die Freude der Aquarianer an den Kleinodien des Meeres ist es wert, daß Korallenfische gefangen und gehalten werden; aber die Freude sollte länger dauern, als es heute in den meisten Anfängeraquarien der Fall ist. Der Verfasser dankt an dieser Stelle all denjenigen, die für diesen Gedanken Verständnis haben. Möge dieses Büchlein dazu beitragen, die Fragen des beginnenden Meerwasseraquarianers zu beantworten und ihm die Probleme meistern zu helfen.

Über Fischnamen, Merkmale und Bestimmungen

Die systematische Einordnung der Meerwasserfische ist wie alle Wissenschaft einem ständigen Wandel unterworfen. Der Autor hat sich dennoch bemüht, die wissenschaftlichen Namen mit Hilfe von Herrn Dr. Terofal von der Zoologischen Staatssammlung in München und Herrn Dr. Jerry Allen in Perth (Australien) auf einen einheitlichen letzten Stand zu bringen.

Die Bilder sind maßgeblich für die Pflegeangaben. Sollte Ihnen für den abgebildeten Fisch in dem einen oder anderen Fall ein anderer Name geläufig sein, so richten Sie sich bitte in den Pflegeangaben nach dem Bild. Der Autor hat alle Arten der Tabelle selbst gepflegt. Die Pflegeangaben, insbesondere der Futterplan, sind deshalb auf den Fisch des Bildes ausgerichtet. Bei den deut-

Populationsdichten wie im Korallenriff können im Aquarium aufgrund der Platzbedürfnisse der Fische und der technischen Möglichkeiten nicht erreicht werden.

DIE FISCHE

schen Fischnamen (insbesondere bei den Riffbarschen) ist die am häufigsten verwendete Bezeichnung ausgewählt worden, da nicht alle gebräuchlichen, oft nur in Preislisten vorhandenen Namen angegeben werden konnten.

Die Bestimmung einzelner Fischarten bereitet dem Anfänger — ja, in einigen Fällen sogar dem Ichthyologen (Fischkundler) — Kopfzerbrechen. Hier seien nur einige Hinweise gegeben, um den Interessierten an die Problematik heranzuführen und ihm die wichtigsten Grundbegriffe zu erläutern.

Die Klassifizierung, d.h. Einordnung, aller Lebewesen in ein bestimmtes wissenschaftliches System geht auf den schwedischen Forscher Linné zurück. Er veröffentlichte 1758 in seiner „Systema Naturae" den Grundgedanken der Systematik, die bis heute ihre Gültigkeit behalten hat und auch international angewendet wird.

Die Fische werden wie folgt unterteilt:
Klasse: . . . .
Ordnung: . . . .
Unterordnung: . . . .
Familie: . . . .
Gattung: . . . .
Art: . . . .

Die Gattung steht immer vor der Art und wird am Anfang groß geschrieben. Das zweite Wort bezeichnet den Artnamen und wird im Lateinischen immer klein geschrieben. (Steht hinter dem kleingeschriebenen Wort manchmal noch ein zweites, ebenfalls kleingeschriebenes lateinisches Wort, so ist damit eine Unterart gemeint.) Hinter dem lateinischen Namen findet sich häufig noch der Name des Mannes, der den Fisch erstmalig wissenschaftlich beschrieben hat. Schließlich findet man hinter diesem Namen manchmal noch eine Jahreszahl, die besagt, wann die Beschreibung erfolgte.

Putzerfische wie *Labroides dimidiatus* können im Aquarium gut gehalten werden. Becken abdecken, die Tiere springen gern und gut.

93

Die Fische

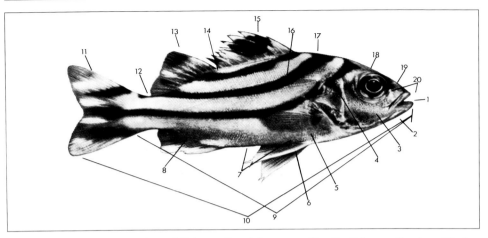

Die unter Aquarianern gebräuchlichsten Bezeichnungen für die Körperteile eines Fisches (*Therapon jarbua*): 1 Mund mit Lippen — 2 Kehle — 3 Wangen — 4 Kiemendeckel — 5 Brust und Brustflossen — 6 Bauchflossen — 7 Bauch — 8 Afterflosse — 9 Körperlänge — 10 Gesamtlänge — 11 Schwanzflosse — 12 Schwanzstiel — 13 weichstrahlige Rückenflosse — 14 Rücken — 15 stachlige Rückenflosse — 16 Seitenlinie — 17 Nacken — 18 Stirn — 19 Riechgruben oder Narinen — 20 Schnauze.

Man muß etwas von der Anatomie des Fischkörpers wissen, wenn man einen Fisch bestimmen will. Die Gliedmaßen der Fische sind die Flossen. Rücken-, After- und Schwanzflosse sind unpaar, Bauch- und Brustflossen paarig. Rücken und Afterflosse sorgen vor allem für das Gleichgewicht, Schwanz und Brustflossen dienen der Fortbewegung und Steuerung. Alle Flossen bestehen aus mit Haut verbundenen Flossenstrahlen, eine Ausnahme bildet die strahlenlose sogenannte Fettflosse der Salmler im Süßwasser und vieler Welse. Das Flossenpaar beiderseitig gleich hinter den Kiemendeckeln sind die Brustflossen (Pectorales). Die Bauchflossen (Ventrales) sind immer auf der Unterseite des Körpers angeordnet. Zwischen Schwanzflosse (Caudale) und den beiden Bauchflossen liegt die meist lange Afterflosse (Anale). Auf dem Rücken befindet sich die ein- bis mehrteilige Rückenflosse (Dorsale). Ihre Flossenstrahlen sind entweder hart, spitz und ungeteilt oder weich, biegsam und geteilt. Ihre Beschaffenheit und Zahl spielen bei der systematischen Einordnung der Fische eine große Rolle (Flossenformeln). Auch kann sie verschiedenartig geformt sein, kurz und hoch, langgestreckt oder mehrteilig. Bei einigen Fischgruppen sind die vorderen Rückenflossenstrahlen so hart und spitz, daß sie als Waffe benutzt werden können. Besonders wenn der Fisch erregt ist, wird die oft bunt gezeichnete Rückenflosse imponierend aufgerichtet. In einigen wenigen Fällen sind die ersten Stachelstrahlen der Rückenflosse mit Schleimkanälen und Drüsen versehen, ihr Stich wirkt giftig. Beim Menschen können sich, falls er sich damit verwundet, Juckreiz, allergische Erscheinungen bis hin zu starken Schwellungen einstellen, auch Blutvergiftungen und sogar der Tod können die Folge sein. Von den behandelten Arten sind lediglich *Pterois volitans* (Feuerfisch) und der Korallenwels *Plotosus lineatus* gefährlich, jedoch kaum tödlich.

Sollte es trotz der gebotenen Vorsicht bei den angeführten Arten oder auch durch einen anderen Fisch zu einer Verletzung mit heftigen Schmerzen kommen, so ist das sofortige Aufsuchen eines Arztes empfehlenswert, weil man sich sonst unnötig quält. Der Verfasser wurde einmal von *Siganus vulpinus,* dem Fuchsgesicht, einem einigermaßen häufig eingeführten Fisch, in den Handballen gestochen, als er den Fisch von

Korallenfische fängt man mit einem Netz und einem Becherglas.

einem Aquarium in ein anderes umsetzen wollte. Dabei hatte der Fisch keinerlei Schuld an der Verletzung. Die Schmerzen am Handballen waren so heftig und dieser schwoll so stark an, daß der Zustand innerhalb von 15 Minuten unerträglich wurde. Im Krankenhaus wurden daraufhin ein Antiallergikum und ein starkes Beruhigungsmittel injiziert.

Also Vorsicht vor stachelflossigen Arten! Fische niemals mit der Hand ergreifen oder im Netz ihr Zappeln durch Festhalten dämpfen wollen.

Um Fischverletzungen von vornherein zu vermeiden (an sich selbst und am Fisch), fängt man Fische am besten in einem 2-Liter-Becherglas oder einem durchsichtigen Plastikbehälter. Mit ein oder zwei Netzen wird jeweils ein Fisch in den Behälter getrieben, dann wird die Öffnung des Behälters mit dem Netz verschlossen und dieser aus dem Becken herausgehoben. Den Fisch gießt man dann mit einem Teil des Wassers in das Transportgefäß, dabei muß natürlich darauf geachtet werden, daß der Fisch nicht danebenspringt.

Der hintere Teil der Rückenflosse ist meist weichstrahlig, bei einigen Fischarten spielt er bei langsamer Bewegung eine gewisse Antriebsrolle.

Weitere auffallende äußere Merkmale des Fisches sind die Kiemendeckel: der Vorkiemendeckel (Präoperkel) und der Kiemendeckel (Operkel). Manche Fischgruppen, z.B. die Kaiserfische, tragen

Stark revierbildende Arten, wie *Chrysiptera cyanea,* sollten als letzte ins Aquarium eingesetzt werden, da sie sonst sehr aggressiv gegen andere Fische werden.

am unteren Teil des Kiemendeckels einen oder mehrere dornartige Fortsätze, die beim Abspreizen des Kiemendeckels vielleicht als Waffe dienen. Bei einigen Fischarten ist der Vorkiemendeckel gezackt, bei anderen glatt. Alle diese Unterschiede sind ebenfalls für die Unterscheidung der Fischfamilien als Merkmal usw. von Bedeutung. So ist z. B. bei den sehr ähnlichen Fischgattungen *Abudefduf* und *Pomacentrus* ein Unterscheidungsmerkmal, daß die *Abudefduf*-Arten einen glattrandigen Vorkiemendeckel und die *Pomacentrus*-Arten einen gezackten Vorkiemendeckel haben. Auf einem Foto ist so ein Unterscheidungsmerkmal meist nicht zu erkennen, deshalb muß dem Wissenschaftler zur Bestimmung einer Art mindestens ein Exemplar des Fisches zur Verfügung gestellt werden. Außerdem muß ihm der Fangort bekannt sein.

„Alles Theorie", werden Sie sagen, aber diese kleine Abschweifung soll Ihnen zeigen, auf welche feinen Unterschiede der Wissenschaftler achten muß, um Fischarten genau zu bestimmen. Anordnung der Flossen, die schon erwähnten Flossenstrahlen, Anzahl, Anordnung und Formen der Zähne sind weitere Unterscheidungsmerkmale. Das alles aber wollen wir den Wissenschaftlern überlassen.

Sehr wichtig ist noch eine Verschiedenheit der Mundöffnung in Bau und Lage und ihrer der Nahrungsaufnahme dienenden Werkzeuge. Hieran kann man meistens erkennen, ob es sich bei dem Fisch z. B. um einen Raubfisch (großes breites Maul mit starken Zähnen und häufig dicken Lippen) oder gar um einen Korallenfresser handelt, der einen hartschaligen Zahnschnabel hat, der fast dem eines Vogels ähnelt.

Demoisellen wie diese *Dascyllus*-Art, die sich von Zooplankton ernähren, leben im Riff in großen Schwärmen. Solche Planktonfresser sind meist sehr ausdauernd im Aquarium.

Ein idealer Bewohner für ein Aquarium mit Wirbellosen ist der Mandarinfisch *Synchiporus splendidus*.

Solch einen „Schnabel" weisen die Papageien- und die Drückerfische, manche Kaiserfische, die Kugel- und Kofferfische, aber auch einige Lippfische auf. Diese Fische sind dadurch in der Lage, die Schalen von wirbellosen Tieren und Korallenäste aufzuknacken. Die Kleintierfresser unter den Fischen haben meist auch nur ein entsprechend kleines Mäulchen, mit dem sie z.B. tierisches Plankton aufnehmen. Diese Fischarten müssen im Aquarium häufiger gefüttert werden, da sie nicht in der Lage sind, viel Nahrung auf einmal aufzunehmen.

Einige Arten — z.B. Pinzettfische — haben ein langes pinzettartiges Maul. Mit ihren röhrenartig verlängerten Kiefern können sie tierische Nahrung wie Würmchen, kleine Schnecken und Korallenpolypen selbst aus feinen Spalten herauspicken.

Die Seitenlinie — bei einigen Arten gradlinig, bei vielen wellenförmig gebogen, bei manchen ganz durchgehend, bei anderen nur teilweise — ist das wichtigste Sinnesorgan des Fisches neben dem Auge. Sie dient als „Ohr" für Druck und Schall. Mit Hilfe dieser Seitenlinie kann der Fisch die geringsten Veränderungen in seiner Umgebung feststellen.

Wehrhafte Fische mit harten Rückenflossenstrahlen, scharfkantigem oder stark bezahntem Maul, Kiemenstacheln oder, wie bei den Doktorfischen, mit einem beiderseits auf dem Schwanzstiel angeordneten, aufklappbaren, scharfkantigen Dorn, sind nur mit einiger Vorsicht und unter Prüfung der Verträglichkeit untereinander zu vergesellschaften. Fische, die derartige Waffen nicht besitzen, sind meist harmlose Kleintier- oder Pflanzenfresser, die sich dem Feind durch Flucht oder Verstecken entziehen. Ihnen muß man im Aquarium einige dichte Korallenäste bieten, damit sie sich bei Gefahr dorthin flüchten können. Diese Arten sind für das Gesellschaftsbecken fast immer geeignet.

Eine ganze Reihe der harmlos aussehenden Riffbarsche ist jedoch so zänkisch (revierverteidigend), daß sie kleinere Artgenossen nicht ans Futter lassen. Hier muß man für ausreichende Versteckmöglichkeiten sorgen.

ACANTHURIDAE (DOKTORFISCHE)

Doktorfische — Ihren Namen tragen sie wegen des skalpellartigen, dornförmigen und aufklappbaren Stachels an den beiden Seiten der Schwanzwurzel. Mit diesem können Sie anderen Fischen erhebliche Verletzungen beibringen, weshalb es auch nicht ratsam ist, größere Doktorfische miteinander zu vergesellschaften.

Die meisten Doktorfische sind recht gut haltbar, wenn sie erst einmal die üblichen Eingewöhnungsschwierigkeiten überwunden haben. Sie sind Allesfresser, bevorzugen aber pflanzliche Nahrung und zupfen jeglichen Algenaufwuchs ab. Eine tägliche, mehrmalige Fütterung ist Voraussetzung für die erfolgreiche Pflege, da sie sich nicht auf einmal mit größerer Beute den Magen vollstopfen, sondern wie in der Natur ständig auf Nahrungssuche umherziehen. Obwohl zänkisch und, wie eingangs erwähnt, sogar gefährlich gegenüber Artgenossen im Aquarium, sind sie in der Natur in größeren Schwärmen beisammen.

ACANTHURIDAE (DOKTORFISCHE)

Name	**SPÄTBLAUER DOKTORFISCH** *(Acanthurus coeruleus)*
Heimat	Atlantischer Ozean: Nördliche und Südliche Karibik
Größe	20 cm (Abbildung oben: juvenil; unten: subadult; S. 24: adult)
Geselligkeit	Nicht mit Fischen der gleichen Familie vergesellschaften; auch Tiere gleicher Form und Farbe werden ständig bedrängt.
Mindestbeckenlänge	80 cm für Jungtiere, 150 cm für adulte Tiere
Temperatur	ca. 26 °C
Aquarienhaltung	Riffaquarium mit Korallen und Algen wird bevorzugt; kein Anfängerfisch.
Futter	Algen- und Aufwuchsfresser in der Natur; nimmt Flockenfutter, Lebendfutter, Algen, TetraTips
Wichtig zu wissen	Die Jugendform ist gelb, dann wechselnd über Grau-Blau mit gelber Schwanzflosse in herrliches Azurblau. Man sollte nur Jungtiere erwerben. Diese gewöhnen sich gut an die Aquariumhaltung. Adulte Tiere sind empfindlich, wenn sie nicht die passenden Wasserverhältnisse und das geeignete Futter geboten bekommen.

ACANTHURIDAE (DOKTORFISCHE)

Name	**WEISSKEHL-DOKTORFISCH** *(Acanthurus leucosternon)*
Heimat	Pazifischer Ozean: Philippinen, Indonesien, Malaysia, Thailand; Indischer Ozean: Sri Lanka, Mauritius, Madagaskar, ostafrikanische Küste
Größe	20 cm
Geselligkeit	Gegen blaue Fische unverträglich, nicht mit Artgenossen vergesellschaften; mit Tieren anderer Familien gefahrlos zu halten.
Mindestbeckenlänge	100 cm
Temperatur	23 – 28 °C
Aquarienhaltung	Riffaquarium mit Anemonen und Algen. Das Einzeltier erst ins Becken setzen, wenn die übrigen Aquarieninsassen sich eingelebt haben.
Futter	Algennahrung ist Bedingung; in ihren Futteransprüchen ist die Art wählerisch; nimmt Flockenfutter, Salat, FD- und Frostfutter, TetraTips
Wichtig zu wissen	*Acanthurus leucosternon* gilt als einer der herrlichsten Meerwasser-Aquarienfische von recht guter Haltbarkeit. Wenn er sich im Becken eingewöhnt hat, bereitet er bei ständig gutem Appetit viel Freude. Sein Wohlbefinden zeigt er durch einen schwarzen Stirnrücken an. Ist dieser grau-weißlich gefärbt, stimmt etwas nicht im Becken: Wasserwechsel vornehmen und viel Algenkost bieten.

ACANTHURIDAE (DOKTORFISCHE)

Name	PALETTEN-DOKTORFISCH *(Paracanthurus hepatus)*
Heimat	Pazifischer Ozean und Indischer Ozean von Ostafrika bis zum Indo-Australischen Archipel sowie den Ryukyu-Inseln
Größe	ca. 30 cm in der Natur 18 cm im Aquarium
Geselligkeit	Ein sehr beliebter Doktorfisch, der einzeln, in Gruppen oder auch mit anderen Arten gehalten werden kann.
Mindestbeckenlänge	80 cm
Temperatur	ca. 26 °C
Aquarienhaltung	Jungtiere gewöhnen sich gut an die Bedingungen in einem Aquarium und entwickeln dort guten Appetit.
Futter	Zupft besonders gern an grünen Fadenalgen und weniger gern an *Caulerpa*; nimmt Flockenfutter, FD- und Frostfutter, *Artemia*
Wichtig zu wissen	Die plakatartige Farbwirkung begeistert immer wieder. Die Art ist anfällig gegen Oodinium und sollte daher 2 – 3 Wochen im Quarantänebecken bleiben, bevor sie in das eingerichtete Becken gesetzt wird. Gut für das Gesellschaftsbecken – auch mit Wirbellosen – geeignet.

ACANTHURIDAE (DOKTORFISCHE)

Name	**ZITRONEN-DOKTORFISCH** *(Zebrasoma flavescens)*
Heimat	Tropischer Indopazifik von der ostafrikanischen Küste bis Hawaii und den Tuamuto-Inseln
Größe	20 cm in der Natur 15 cm im Aquarium
Geselligkeit	Schwimmt einzeln oder auch paarweise, ist aber auch in Gruppen anzutreffen.
Mindestbeckenlänge	100 cm
Temperatur	ca. 26 °C
Aquarienhaltung	Nicht ganz einfach einzugewöhnen, am besten mit jungen Tieren, ist revierbildend.
Futter	Algen; Flockenfutter, FD- und Frostfutter, TetraTips
Wichtig zu wissen	Vom Zitronen-Doktorfisch kann man in einem größeren Aquarium ab 150 cm Länge auch mehrere Tiere zusammen halten. Man sollte sich im Fachhandel dann aber Tiere aussuchen, die sich im Händlerbecken bereits als verträglich miteinander erwiesen haben. Sonst kommt es meist doch zu Beißereien, bei denen das schwächere Tier unterliegt.

APOGONIDAE (KARDINALBARSCHE)

Kardinalbarsche sind friedliche, gute Gesellschafter im Wirbellosen-Aquarium.

Oben links *Sqhaeramia (Apogon) nematoptera,* der Pyjama-Kardinalbarsch; darunter *Apogon compressus* und *A. sealei.* Die Krustenanemonen *(Zoanthus sp.)* und die Margueriten-Koralle (Bildmitte) *(Goniopora sp.)* zählen zu den beliebtesten sessilen Wirbellosen.

APOGONIDAE (KARDINALBARSCHE)

Name	**GOLDBAUCH-KARDINALBARSCH** *(Apogon aureus)*
Heimat	Westlicher Pazifik und im ganzen tropischen Indischen Ozean bis zum Roten Meer
Größe	12 cm
Geselligkeit	Friedlicher Schwarmfisch, für Gesellschaftsbecken mit nicht zu kleinen Krebstieren geeignet.
Mindestbeckenlänge	120 cm
Temperatur	25 – 28 °C
Aquarienhaltung	Mit gleich großen oder größeren Fischen zusammen halten. Versteckmöglichkeiten und lichtgeschützte Ecken bieten.
Futter	Planktonfresser; im Aquarium Flockenfutter, *Mysis, Artemia*
Wichtig zu wissen	Maulbrüter. Diese prächtige Art bereitet in schwach besetzten Großbecken viel Freude. Die Tiere sind hauptsächlich dämmerungsaktiv. In zu hell beleuchteten Aquarien bleiben sie sehr scheu.

APOGONIDAE (KARDINALBARSCHE)

Name	**GOLDSTREIFEN–KARDINALBARSCH** *(Apogon compressus)*
Heimat	Westlicher Pazifik bis zum australischen Barriere-Riff
Größe	11 – 12 cm
Geselligkeit	Schwarmfisch, verträglich, gut mit Wirbellosen außer kleinen Krebstieren zu halten.
Mindestbeckenlänge	100 cm, besser länger, da die Tiere viel Schwimmraum brauchen.
Temperatur	24 – 26 °C
Aquarienhaltung	Sauerstoffreiches, klares Wasser und Versteckmöglichkeiten. Evtl. mit einem Diademseeigel halten (Vorsicht, giftige Stacheln!).
Futter	Planktonfresser; Flockenfutter, *Artemia,* FD-Futtermittel und Gefrierfutter
Wichtig zu wissen	Da Korallenstücke zur Dekoration im Aquarium kaum noch zur Verfügung stehen (Naturschutz), weicht man auf Plastikkorallen (z.B. von Aquarium Systems) oder auf Geröllaufbauten aus. Einmal eingewöhnt, schwimmen die Fische jedoch auch im freien Wasser.

APOGONIDAE (KARDINALBARSCHE)

Name	**ROTER KARDINALBARSCH** *(Apogon erythrinus)*
Heimat	Karibik, in Höhlen und an Seegraswiesen-Abbrüchen. Brandungszone ab 1 m Wassertiefe
Größe	bis 7,5 cm Länge
Geselligkeit	Schwarmfisch, friedlich. Nur mit nicht zu robusten Fischen vergesellschaften. Keine räuberischen Krebstiere im Becken halten; andere Wirbellose sind problemlos.
Mindestbeckenlänge	80 cm
Temperatur	20 – 28 °C
Aquarienhaltung	Sauerstoffbedürftige Art. Gute Wasserbewegung und Verstecke bieten. Dämmerungsaktiv.
Futter	Plankton- und Aufwuchsfresser. Jegliches feine Flocken-, Gefrier- und FD-Futter, *Artemia*
Wichtig zu wissen	Die Art zählt zu den häufigsten Kardinalbarschen in der Karibik; kommt dort sogar noch in belastetem Wasser in „Hotellagunen" vor. Wegen der Sauerstoffempfindlichkeit werden die Tiere jedoch selten importiert.

APOGONIDAE (KARDINALBARSCHE)

Name	**PYJAMA-KARDINALBARSCH** *(Sphaeramia [Apogon] nematopterus)*
Heimat	Westlicher Pazifik und Indischer Ozean
Größe	10 cm
Geselligkeit	Schwarmfisch, mit fast allen Arten der Familie Apogonidae gut zu halten. Für Aquarien mit Wirbellosen geeignet.
Mindestbeckenlänge	100 cm
Temperatur	24 – 28 °C
Aquarienhaltung	Für alle Aquarien mit guten Wasserbedingungen. Sauerstoffbedürftig. Gute Filterung.
Futter	Jegliches feinere Lebendfutter, Flockenfutter
Wichtig zu wissen	Maulbrüter. In gut gepflegten Becken kommt es häufig zur Eiablage. Die Aufzucht der Jungen ist bisher jedoch noch nicht gelungen. Die ♂♂ sind von den ♀♀ durch länger ausgezogene Flossen zu unterscheiden.

BALISTIDAE (DRÜCKERFISCHE)

Name	**PICASSO-DRÜCKERFISCH** *(Rhinecanthus aculeatus)*
Heimat	Indischer Ozean: Rotes Meer; Pazifischer Ozean
Größe	20 cm
Geselligkeit	Ausgewachsene Fische leben solitär; als Jungtiere leben sie im Schwarm; aggressiv gegen Artgenossen.
Mindestbeckenlänge	80 cm
Temperatur	24 – 28 °C
Aquarienhaltung	Becken mit Felsaufbauten als Unterschlupf.
Futter	Nimmt kein Flockenfutter. Algen, Salat, FD- und Frostfutter, TetraTips
Wichtig zu wissen	Kleinere Exemplare bis ca. 6 cm sind echte Anfängerlieblinge. Verdrehen die Augen, nach fast allem Freßbaren spähend. Leidlich verträglich im Gesellschaftsaquarium. Im Wirbellosenbecken ist die Art fehl am Platz. Besonders kleinere Seesterne und Seeigel werden gefressen.

BLENNIIDAE (SCHLEIMFISCHE)

Name	**MIDAS BLENNI** (*Ecsenius midas*)
Heimat	Nördlicher und westlicher Indischer Ozean, Rotes Meer in 10 – 20 m Tiefe
Größe	13 cm
Geselligkeit	Lebt einzeln oder paarweise. Mit größeren Wirbellosen und Fischen gut zusammen haltbar. Friedlich; scheu.
Mindestbeckenlänge	100 cm
Temperatur	24 – 28 °C
Aquarienhaltung	Braucht Höhlenverstecke, nicht zu grelles Licht im Riffaquarium mit *Caulerpa* und anderem Algenbewuchs.
Futter	Jegliches feinere Lebendfutter, TetraTips, Gefrierfutter (Rote Mückenlarven, Brine Shrimps)
Wichtig zu wissen	Die Familie der Schleimfische ist sehr artenreich (über 200 Arten) und sehr vielfältig. Es gibt spezialisierte Räuber und sehr friedfertige Arten. Das oben abgebildete Tier ist ein ♀. Das ♂ ist mit einem braunen Flecken- und Streifenmuster versehen, der Kopf dunkelbraun. Das untere Foto zeigt ein junges ♂.

BLENNIIDAE (SCHLEIMFISCHE)

Name	**MOSAMBIK-BLENNI** *(Meiacanthus mossambicus)*
Heimat	Westl. Indischer Ozean von Kenia bis Südafrika
Größe	12 cm
Geselligkeit	Einzel- oder paarweise Haltung, vorzugsweise mit Blumentieren, Seesternen und Seeigeln. Keine Krebstiere und Fische.
Mindestbeckenlänge	100 cm
Temperatur	23 – 27 °C
Aquarienhaltung	An sich nicht schwierig und wie bei anderen Riffbewohnern. Beachte jedoch Geselligkeit und „Wichtig zu wissen".
Futter	Lebendfutter wie *Mysis* und *Artemia*, Frostfutter, Tetra-Tips-Brocken, Fisch- und Muschelfleisch
Wichtig zu wissen	Die Arten der Gattung *Meiacanthus* tragen giftige Zähne; mit dem Biß können sie ihr Opfer betäuben. Viele Fische meiden deshalb die Gesellschaft dieser Gattung; andere ahmen Form und Farbe nach (Mimikry), um sich unter dem Schutz der vermeintlichen „Giftzähne" sicherer zu fühlen.

CALLIONYMIDAE (LEIERFISCHE)

Name	**GLÄNZENDER MANDARINFISCH** *(Pterosynchiropus splendidus)*
Heimat	Westlicher Pazifik von Japan bis Java und von den Karolinen bis zum südlichen australischen Barriere-Riff
Größe	10 cm
Geselligkeit	Ein ♂ kann mit einem oder mehreren ♀♀ gehalten werden, nicht jedoch zwei ♂♂. Nur mit ganz ruhigen, kleineren Fischen vergesellschaften.
Mindestbeckenlänge	Für ein Paar 80 cm, für einen „Harem" mindestens 100 cm
Temperatur	24 – 26 °C
Aquarienhaltung	Anspruchsvolle Art, nicht für das Fisch-Gemeinschaftsbecken. Am besten mit Blumentieren wie Krusten- und Scheibenanemonen halten. Zahlreiche Verstecke bieten.
Futter	Lebendfutter wie *Artemia,* feine *Mysis.* Nach Eingewöhnung werden auch Flokkenfutter und Frostfutter genommen.
Wichtig zu wissen	Einer der prächtigsten Meerwasserfische überhaupt, der aber nur dem erfahrenen Aquarianer mit mind. 2 – 3 Jahren erfolgreicher Praxis vorbehalten sein muß.

CALLIONYMIDAE (LEIERFISCHE)

Name	**LSD—MANDARINFISCH** *(Synchiropus picturatus)*
Heimat	Philippinen bis Melanesien im Pazifischen Ozean
Größe	5 cm
Geselligkeit	Paarweise Haltung oder Einzeltiere. Auch ♂♂ anderer Arten der Gattung werden bekämpft. Für Aquarien mit Blumentieren gut geeignet.
Mindestbeckenlänge	60 cm
Temperatur	24–26 °C
Aquarienhaltung	Nicht leicht. Neben sehr guten Wasserbedingungen braucht die Art viel Beachtung bei der Fütterung.
Futter	Allerlei feines Lebendfutter. Viel Abwechslung bieten!
Wichtig zu wissen	Leierfische sollen Planarien fressen. Alteingerichtete Aquarien, die bereits eine eigene Mikrofauna an Würmchen, Krebschen (Copepoden) usw. gebildet haben, bieten am ehesten Überlebenschancen für die heikle Art. Möglichst nicht mit anderen kleinen Fischen vergesellschaften, da Nahrungskonkurrenten. Das Ablaichen im Aquarium wurde schon beobachtet.

CIRRHITIDAE (BÜSCHELBARSCHE)

Name	**FALKEN-BÜSCHELBARSCH** *(Cirrhitichthys falco)*
Heimat	Westlicher Pazifik von Japan bis zu den Philippinen; Samoa bis zum australischen Barriere-Riff
Größe	♀ 5 cm, ♂ bis 6 cm in der Natur; bis 12 cm im Aquarium
Geselligkeit	Ein ♂ lebt meist mit mehreren ♀♀ in einem Korallenstock. Vergesellschaftung mit ruhigen, nicht zu kleinen Fischen. Wirbellose problemlos, jedoch keine kleinen Garnelen.
Mindestbeckenlänge	Einzeltiere 60 cm; Harem von 3–5 Tieren 100 cm
Temperatur	24–28 °C
Aquarienhaltung	Recht einfach zu haltende Art bei guten Wasserbedingungen und ausreichenden Verstecken. Sonnen- bis Mittellichtzone.
Futter	Die Art geht willig an jedes lebende Futter; nimmt nach Gewöhnung auch Futterflocken, TetraTips und Frostfutter
Wichtig zu wissen	Büschelbarsche (englisch: Falkenbarsche) haben eine stark reduzierte Schwimmblase; sie halten sich selten im Freiwasser auf. Sie lauern im Korallengeäst und stürzen sich falkengleich auf vorbeischwimmende Beute, um sogleich wieder ihren Standplatz einzunehmen.

CIRRHITIDAE (BÜSCHELBARSCHE)

Name	**FLAMMENBÜSCHELBARSCH, KORALLENWÄCHTER** *(Neocirrhites armatus)*
Heimat	Mittlerer Pazifik: Polynesien, Japan bis zum Großen Barriere-Riff
Größe	♀ 6,5 cm ♂ 7,5 cm
Geselligkeit	Ein Einzelgänger, der kleine Beckeninsassen als Nahrung ansieht. Zunächst scheu, kann aber zahm werden.
Mindestbeckenlänge	100 cm
Temperatur	24 – 26 °C
Aquarienhaltung	Schwierig. Sauerstoffbedürftig und leicht krankheitsanfällig.
Futter	Kleine Fische und Krebse. Frostfutter, *Artemia*. Selten Flockenfutter
Wichtig zu wissen	Nur im perfekt eingefahrenen Aquarium zu halten. Vorher unbedingt in Quarantäne setzen.

CIRRHITIDAE (BÜSCHELBARSCHE)

Name	**LANGSCHNAUZEN-BÜSCHELBARSCH** *(Oxycirrhites typus)*
Heimat	Indischer und Pazifischer Ozean; vom Roten Meer bis Panama; weitverbreitet; Tiefe 10 – 100 m!
Größe	13 cm
Geselligkeit	Einzelgänger, kleiner Räuber, mit größeren Fischen und Wirbellosen jedoch leicht zu vergesellschaften.
Mindestbeckenlänge	80 cm
Temperatur	24 – 26 °C
Aquarienhaltung	Als Versteckmöglichkeit und Tarnung benötigen die Tiere zum Wohlbefinden verästelte, gorgonienähnliche Dekoration.
Futter	Alles zu bewältigende Lebendfutter, jedoch auch TetraTips-Brocken und Gefrierfutter
Wichtig zu wissen	Da die Tiere ständig hungrig sind, betteln sie regelrecht nach Futter und können bald „zahm" werden. Trotzdem nicht überfüttern! $^{1}/_{4}$-TetraTips werden bald aus der Hand genommen, wenn man sich genügend Zeit läßt.

GOBIIDAE (GRUNDELN)

Name	**NEONGRUNDEL, PUTZGRUNDEL** *(Elacatinus oceanops)*
Heimat	Karibisches Meer entlang der Küste von Süd-Florida und bis Yucatan
Größe	5 – 9 cm
Geselligkeit	Lebt paarweise oder in Gruppen.
Mindestbeckenlänge	50 cm
Temperatur	23 – 28 °C
Aquarienhaltung	Das Becken braucht nicht groß zu sein, soll aber viele Versteckmöglichkeiten bieten; jedes Tier braucht eine eigene Höhle.
Futter	FD-Futter, Frostfutter, *Artemia*
Wichtig zu wissen	Das „Putz"-Verhalten an größeren Fischen macht diese Art besonders interessant; sehr empfindlich gegen schlechtes Wasser. Sehr ähnlich ist die nah verwandte Art *E. evelynae,* deren Streifen jedoch mehr gelb anstelle blau sind.

GOBIIDAE (GRUNDELN)

Name	**GELBE KORALLENGRUNDEL** *(Gobiodon okinawae)*
Heimat	Pazifik: Südjapan bis zum australischen Großen Barriere-Riff
Größe	3 cm
Geselligkeit	Einzeln oder paarweise halten. Nicht mit zu robusten Fischen pflegen.
Mindestbeckenlänge	60 cm
Temperatur	20 – 25 °C
Aquarienhaltung	Recht einfach. Am besten im Wirbellosen-Becken mit wenigen kleinen Fischen.
Futter	Feines Lebendfutter und FD-Futterpartikel, Gefrierfutter
Wichtig zu wissen	Die Grundeln werden wegen Absonderung giftigen Körperschleims selbst von größeren Fischen gemieden. Trotzdem sollten sie nicht damit vergesellschaftet werden, da größere, flinke Fische die Grundel scheu machen.

Gobiidae (Grundeln)

Name	**FADENGRUNDEL** *(Stonogobiops nematodes)*
Heimat	Indopazifik: Philippinen
Größe	4 cm
Geselligkeit	Paarweise Haltung im Wirbellosen-Aquarium; möglichst ohne andere Fische, die das Symbioseverhalten zwischen den Fadengrundeln und der Garnele stören könnten.
Mindestbeckenlänge	80 cm
Temperatur	22 – 26 °C
Aquarienhaltung	Sand- oder Geröllboden von mind. 8 cm Höhe. Es werden Höhlen gegraben. Gute Filterung. Einfache Pflege.
Futter	Flockenfutter, FD-Menü, TetraTips, *Artemia*. Jegliches feine Futter, das durch die Strömung an der Wohnhöhle vorbeigetrieben wird.
Wichtig zu wissen	Die Art lebt vorzugsweise symbiotisch mit Knallkrebsen der Gattung *Alpheus* zusammen. Die Symbiose bietet dem schlecht sehenden Krebs den Vorteil der Gefahrvorwarnung. Die Fische nutzen die Höhle des Krebses, um sich vor Feinden zu schützen.

GOBIIDAE (GRUNDELN)

Name	**WIMPERSEGLER-SCHLÄFERGRUNDEL** *(Valenciennea strigata)*
Heimat	Gesamter indopazifischer Raum.
Größe	bis 18 cm!
Geselligkeit	Nur paarweise Haltung möglich (Einzeltiere verkümmern). Riffaquarium mit Blumentieren. Nicht mit zu kleinen Krebstieren und kleinen Fischen zusammen halten, sonst friedlich.
Mindestbeckenlänge	120 cm
Temperatur	22 – 28 °C
Aquarienhaltung	Riffaquarium mit einem größeren Teil Sandboden. Darüber flache Steine oder Platten. Darunter wird die Wohnhöhle angelegt.
Futter	Flocken- und Tablettenfutter, Frostfutter und jegliches feinere Lebendfutter
Wichtig zu wissen	Die Art ist schon im Aquarium nachgezogen worden. Aufzucht der Larven mit *Brachionus*, später mit *Artemia*. Gute Filterung ist angebracht, da diese Grundeln den Sand häufig nach Freßbarem durchwühlen und ihn dabei durch die Kiemen wieder ausstoßen.

GRAMMIDAE (ZWERGSEEBARSCHE)

Name	**FEENBARSCH, JUWELCHEN** *(Gramma loreto)*
Heimat	Karibisches Meer: Bermudas, Bahamas, jedoch nicht um Florida
Größe	8 cm in der Natur 6 cm im Aquarium
Geselligkeit	Schwarmfisch, ist gegen Artgenossen im zu kleinen Aquarium aggressiv.
Mindestbeckenlänge	60 cm für ein Paar
Temperatur	22 – 28 °C
Aquarienhaltung	Ist sehr gut zu halten, lebt versteckt in Höhlen und Grotten. Reichlich Versteckmöglichkeiten bieten.
Futter	Wählerisch im Futter; ernährt sich in der Natur von Krebsartigen aus dem Plankton. FD-Futter, Frostfutter, *Artemia*
Wichtig zu wissen	Ein prächtiger kleiner Fisch, der für Aquarianer mit viel Zeit besonders geeignet ist. Sehr attraktiv; schwimmt in Höhlen meist „auf dem Kopf", d.h. mit der Bauchseite nach oben. Guter Gesellschafter für das Wirbellosen-Aquarium.

LABRIDAE (LIPPFISCHE)

Name	**BIJOUTERIEFISCH** *(Coris frerei, früher Coris formosa)* Abbildung oben: juvenil; unten: adult
Heimat	Indischer Ozean und westlicher Pazifik
Größe	in der Natur bis 40 cm; 25 cm im Aquarium
Geselligkeit	Schwarmfisch; für das Gesellschaftsbecken bedingt geeignet.
Mindestbeckenlänge	100 cm
Temperatur	ca. 26 °C
Aquarienhaltung	Braucht feineren Sandboden, da sich die Art nachts im Sand vergräbt. Bei schlechten Bedingungen bleiben die Tiere tagelang im Boden vergraben.
Futter	Wählerisch im Futter; Flockenfutter, FD- und Frostfutter, TetraTips, *Artemia* und vor allem Algen
Wichtig zu wissen	Jungtiere sind rot bis orangefarben; die weißen Keilflecken des Körpers haben einen breiten schwarzen Saum; das erwachsene Tier ist purpurbraun bis dunkel olivgrün und hat schwarze Tüpfel auf Flanken und Schwanzstiel: Auf dem Kopf hat das Tier ein, manchmal zwei blaue bis blaugrüne Streifen. Wegen ihrer Färbung und ihrem interessanten Verhalten ist die Art sehr beliebt. Für Becken mit Wirbellosen nur bedingt geeignet. An kleineren Anemonen wird gern gezupft. Scheibenanemonen werden dagegen nicht behelligt.

LABRIDAE (LIPPFISCHE)

Name	**CLOWNJUNKER, FALSCHER BIJOUTERIEFISCH** *(Coris gaimard)*
Heimat	Westlicher Pazifik und Indischer Ozean
Größe	30 cm in der Natur (Abbildung oben: juvenil; unten: adult) 25 cm im Aquarium
Geselligkeit	Schwarmfisch, aber nicht mit wirbellosen Tieren zu vergesellschaften.
Mindestbeckenlänge	60 cm
Temperatur	ca. 26 °C
Aquarienhaltung	Becken mit Bodengrund; die Art liebt es hell im Aquarium.
Futter	Algen; Flockenfutter, FD- und Frostfutter, Frischkost, *Artemia*, Tips
Wichtig zu wissen	Bemerkenswert die Farbveränderung in den verschiedenen Lebensstadien.

LABRIDAE (LIPPFISCHE)

Name	**MEERSCHWALBE, PUTZERLIPPFISCH** *(Labroides dimidiatus)*
Heimat	Indischer Ozean: Rotes Meer, Indischer und Stiller Ozean
Größe	10 cm
Geselligkeit	Kann im Gesellschaftsbecken gehalten werden, ist verträglich.
Mindestbeckenlänge	60 cm
Temperatur	26 °C
Aquarienhaltung	Sollte in keinem größeren Aquarium mit Fischen ab 10 cm Länge fehlen, nicht leicht haltbar, da schwierig an Aquarienfutter zu gewöhnen.
Futter	Muß während der Eingewöhnung unbedingt mit kleinen lebenden oder toten Krebsartigen (*Artemia, Cyclops*) gefüttert werden, FD-Futter
Wichtig zu wissen	Putzerfisch, der andere (meist größere) Fische von Haut- und Kiemenparasiten befreit. Im Riff gibt es richtige Putzerstationen, an denen ständig Fische darauf warten, geputzt zu werden. Nicht zu verwechseln mit *Aspidontus,* dem falschen Putzer, einem Räuber, dessen Maul unterständig ist. *L. dimidiatus* springt gern; bei unabgedeckten Becken kommt es daher schnell einmal zu einem Unfall.

LABRIDAE (LIPPFISCHE)

Name	BLAUKOPFJUNKER *(Thalassoma bifasciatum)*
Heimat	Karibisches Meer bis Florida
Größe	15 cm
Geselligkeit	Kann im Jugendalter im Schwarm gehalten werden, große ausgewachsene Männchen oft aggressiv gegen Artgenossen.
Mindestbeckenlänge	100 cm
Temperatur	26 °C
Aquarienhaltung	Großes Becken, da behender, lebhafter Schwimmer. Lippfische vergraben sich nachts im Sand und brauchen daher unbedingt Sandboden.
Futter	Frißt nahezu alles und braucht häufige Futtergaben; Flockenfutter, FD- und Frostfutter, TetraTips
Wichtig zu wissen	Jungtiere und Weibchen sind gelb gefärbt mit Längsband in der Körpermitte. Bei schlechter Wasserqualität reagiert die Art empfindlich.

LABRIDAE (LIPPFISCHE)

Name	**ZITRONENJUNKER, GELBER LIPPFISCH** *(Thalassoma lutescens)*
Heimat	Ost-Australien bis Hawaii und den Philippinen, Chinesisches Meer, westlicher und zentraler Pazifik bis zu den Marquesas-Inseln
Größe	in der Natur bis 25 cm im Aquarium bis 15 cm
Geselligkeit	Ältere Tiere sind Einzelgänger; im größeren Becken können ein Männchen und mehrere Weibchen gehalten werden.
Mindestbeckenlänge	100 cm Ein größeres Becken ist empfehlenswert, da die Tiere viel freien Schwimmraum brauchen.
Temperatur	ca. 26 °C
Aquarienhaltung	Becken mit feinsandigem Bodengrund; jedes Tier dieser Art sucht nachts eine eigene Ecke auf, aus der es morgens wieder hervorkommt.
Futter	Lebendfutter, später nehmen die Tiere auch totes tierisches Futter.
Wichtig zu wissen	Auf keinen Fall sollten in einem Aquarium zwei ausgewachsene ♂♂ gehalten werden, sie würden sich zu Tode bekämpfen; besser ist ein Harem, wenn man mehrere Tiere von dieser Art halten will.

MALACANTHIDAE (TORPEDOBARSCHE)

Name	**PURPUR-TORPEDOBARSCH** *(Hoplalatilus purpureus)*
Heimat	Tropischer Westpazifik von den Philippinen bis zu den Samoa-Inseln
Größe	15 cm
Geselligkeit	Meist Einzelhaltung. In Großaquarien können jedoch auch mehrere Tiere gepflegt werden. Scheue Art, nur mit sehr friedlichen Fischen vergesellschaften.
Mindestbeckenlänge	120 cm
Temperatur	22 – 27 °C
Aquarienhaltung	Sandboden mit Höhlenverstecken; Filter mit Strömungspumpe. Nicht zu grelles Licht.
Futter	Plankton; es wird jegliche schwebende Nahrung angenommen: *Mysis,* rote Mükkenlarven, Flocken- und FD-Futter
Wichtig zu wissen	Torpedobarsche stammen meist aus größeren Tiefen, etwa ab 30 m, weshalb sie nicht leicht einzugewöhnen sind. Nachts schlafen die Tiere im Sand.

MICRODESMIDAE (PFEILGRUNDELN)

Name	**DEKOR-SCHWERTGRUNDEL** *(Nemateleotris decora)*
Heimat	Westlicher Pazifik von Südjapan (Ryukyu-Inseln) bis zum australischen Barriere-Riff
Größe	7,5 cm
Geselligkeit	Paarweise Haltung ist angebracht. Vergesellschaftung mit kleineren, friedlichen Fischen und allen nicht räuberischen Wirbellosen.
Mindestbeckenlänge	80 cm für ein Paar für jedes weitere Paar + je 60 cm
Temperatur	23 – 27 °C
Aquarienhaltung	Sand- oder Geröllboden mit Möglichkeiten, sich über Felsbrocken oder lebenden Steinen eine Höhle zu graben. Dämmerlicht.
Futter	Feines Lebend- und Gefrierfutter, 2 – 3 mal wöchentlich *Artemia*; Flockenfutter
Wichtig zu wissen	Die Art ist nitrit-/nitratempfindlich. Ein guter biologischer Filter ist deshalb bei möglichst „eingefahrenem" Aquarium Bedingung für die dauerhafte Pflege.

MICRODESMIDAE (PFEILGRUNDELN)

Name	**PRACHT-SCHWERTGRUNDEL, FEUERSCHWERTGRUNDEL** *(Nemateleotris magnifica)*
Heimat	Gesamter tropischer Indopazifik von Hawaii bis Afrika
Größe	80 cm
Geselligkeit	Jungtiere leben in Gruppen. Ab 6 cm Länge sollte man stets ein Paar halten. Blumentiere und Garnelen sind ideale Partner, sonst wenige kleine, friedliche Fische.
Mindestbeckenlänge	80 cm
Temperatur	22 – 28 °C
Aquarienhaltung	Gute Filterung/Strömung, wobei der Filteransog mit einer großen Schaumstoffpatrone ausgestattet werden sollte, um Lebendfutter nicht gleich abzusaugen. Alternativ: Strömungspumpe(n) über dem Bodenfilter. Dämmerlichtzone.
Futter	*Artemia, Mysis,* FD- und Flockenfutter, gefrorene Mückenlarven
Wichtig zu wissen	Die Tiere nehmen nur Futter auf, welches in der Nähe der Höhle vorbeitreibt. Nach Gewöhnung werden die Tiere recht zahm.

MICRODESMIDAE (PFEILGRUNDELN)

Name	**SCHERENSCHWANZ-TORPEDOGRUNDEL** *(Ptereleotris evides)*
Heimat	Indopazifik: vom Roten Meer bis Japan
Größe	12 cm
Geselligkeit	Friedliche Art. Haltung möglichst paarweise. Mit Wirbellosen (außer räuberischen Krebsen) und friedlichen Fischen ist eine Vergesellschaftung gut möglich.
Mindestbeckenlänge	100 cm
Temperatur	21 – 27 °C, je nach Herkunft
Aquarienhaltung	Sandboden mit Wohnhöhlen bieten. Die Tiere brauchen etwas freien Schwimmraum. Mittellichtzone.
Futter	Planktonfresser; jegliches feine Lebendfutter; FD-Partikel, Flocken- und Frostfutter
Wichtig zu wissen	Das Ablaichen der Art im Aquarium ist nicht selten. Aufzucht jedoch bisher nicht gelungen. Jungtiere tragen einen ovalen Punkt an der Schwanzflossenbasis.

OPISTOGNATHIDAE (KIEFERFISCHE)

Name	**GOLDSTIRN-BRUNNENBAUER** *(Opistognathus aurifrons)*
Heimat	Atlantik: Karibische Inseln und Küste Floridas
Größe	10 cm
Geselligkeit	Einzelhaltung; evtl. paarweise. Mit Wirbellosen problemlos, ebenso mit kleinen, friedlichen Schwarmfischen.
Mindestbeckenlänge	80 cm
Temperatur	22 – 28 °C
Aquarienhaltung	10 – 12 cm Bodengrund aus Muschelgrus, Dolomitbruch feinster und grober Körnung. Sonnenlichtzone.
Futter	Jegliches bewegliches oder auch feineres Gefrierfutter aus Fisch-, Muschel- und Krebsfleisch wird angenommen. Anfangs, bis zur Eingewöhnung, lebende *Artemia* jeder Größe.
Wichtig zu wissen	Um das Becken nicht mit Futter zu überlasten, werden die Futtermittel mit einem Futterrohr direkt vor die Wohnröhre plaziert. Die Art wird in den USA bereits kommerziell gezüchtet. Das ♂ trägt bei der Balz an der Kehle schwarze Flecken.

OSTRACIONTIDAE (KOFFERFISCHE)

Name	**KUHFISCH, GEHÖRNTER KOFFERFISCH** *(Lactoria cornuta)*
Heimat	Indischer Ozean: Rotes Meer; Stiller Ozean
Größe	in der Natur bis 50 cm, bleibt im Aquarium viel kleiner (is 25 cm Länge)
Geselligkeit	Einzelgänger in der Natur, mit langsam schwimmenden Fischen vergesellschaften, verträglich.
Mindestbeckenlänge	80 cm
Temperatur	ca. 25 °C
Aquarienhaltung	Empfindlich und nicht einfach zu halten.
Futter	Flockenfutter, FD- und Frostfutter, Lebendfutter, TetraTips
Wichtig zu wissen	Akzeptiert im Aquarium sofort lebendes und totes tierisches Futter. Lernt schnell, aus der Hand zu fressen. Fische dieser Art fressen langsam und müssen mehrmals am Tag gefüttert werden, da sie sonst verhungern. Für Becken mit Wirbellosen nicht gut geeignet.

PLESIOPIDAE (MIRAKELBARSCHE)

Name	**ECHTER MIRAKELBARSCH** *(Calloplesiops altivelis)*
Heimat	Weitverbreitet im Indopazifik vom Roten Meer bis Japan
Größe	16 cm
Geselligkeit	Bei gesicherten Paaren ist das Zusammenleben harmonisch. Zwei gleichgeschlechtliche Tiere (♂♂?) bekämpfen sich wie der bekannte Kampffisch *Betta spendens* „bis aufs Messer".
Mindestbeckenlänge	100 cm
Temperatur	24 – 26 °C (22 – 28 °C)
Aquarienhaltung	Im gut gepflegten Riffaquarium recht einfach. Höhlenverstecke und Dämmerlichtzone sind Bedingung.
Futter	Kleine Fische und Krebstiere, Frostfutter, Brocken von TetraTips, Muschel- und Fischfleisch. Nach Gewöhnung wird die Nahrung auch vom Boden aufgenommen; danach ist die Fütterung kein Problem mehr.
Wichtig zu wissen	Es gibt zwei ganz ähnliche Mirakelbarsche: *C. altivelis* mit größeren Punkten an Körper und Flossen und *C. argus,* der als wichtigstes Unterscheidungsmerkmal einen weißen Fleck am Schwanzflossenende hat. Maulbrüter: Das ♂ nimmt den Eiballen für etwa 2 Wochen ins Maul, so lange, bis die Larven schlüpfen.

PLOTOSIDAE (MEERWELSE)

Name	**KORALLENWELS** *(Plotosus lineatus)*
Heimat	Indischer Ozean; Rotes Meer; Pazifischer Ozean
Größe	35 cm im Aquarium meist bis 15 cm
Geselligkeit	Schwarmfisch, verträglich
Mindestbeckenlänge	70 cm
Temperatur	22 – 28 °C
Aquarienhaltung	Becken mit Versteckmöglichkeiten
Futter	Totes und lebendes Futter, FD-Futter, TetraTips
Wichtig zu wissen	Die Flossenstrahlen sind giftig, auch für Menschen. Vorsicht mit der Hand. Die Jungfische dieser Art ballen sich in der Natur zu einer Kugel von mehr als Fußballgröße zusammen, um so Freßfeinden eine imponierende Größe vorzutäuschen.

POMACENTRIDAE (RIFFBARSCHE)

Name	**GOLDBINDEN-RIFFBARSCH, SERGEANT-MAJOR** *(Abudefduf saxatilis)*
Heimat	Atlantischer Ozean: St. Helena, Ascension, Kapverdische Inseln, Westafrika; Golf von Mexiko, Florida, Bermudas, Nördl. und Südl. Karibik
Größe	20 cm in der Natur 12 cm im Aquarium
Geselligkeit	Dauerhafter, geselliger Fisch, weniger zänkisch als andere Riffbarsche.
Mindestbeckenlänge	80 cm
Temperatur	25 – 28 °C
Aquarienhaltung	Einfach zu pflegende Art.
Futter	Allesfresser, auch Flockenfutter (Großflocken)
Wichtig zu wissen	Es gibt ca. 15 quergestreifte *Abudefduf*-Arten, die einander ähneln. Sofern die Tiere aus dem Atlantik stammen, handelt es sich meist um diese Art. Tiere von Hawaii sind *Abudefduf abdominalis*. An der westamerikanischen Küste ist das Vorkommen ähnlich dem der *A. saxatilis* und *A. troschellii*.

POMACENTRIDAE (RIFFBARSCHE)

Name	CLARKS RINGELFISCH *(Amphiprion clarkii)*
Heimat	Indischer Ozean: Arabischer Golf, Sri Lanka, Malediven, Indien, Thailand; Japan bis Australien; Pazifischer Ozean: Salomon- und Fidji-Inseln
Größe	13 cm in der Natur 10 cm im Aquarium
Geselligkeit	Gesellige Art, sollte im Schwarm gepflegt werden.
Mindestbeckenlänge	80 cm
Temperatur	25 – 28 °C
Aquarienhaltung	Ist eine der haltbarsten Arten im Meerwasseraquarium.
Futter	Planktonfresser in der Natur. Flockenfutter, FD-Futter, TetraTips
Wichtig zu wissen	Variable Art mit 2 – 3 weißen Querbinden und oft gelb-schwarz gezeichneten Brust-, After- und Schwanzflossen. *A. clarkii* ist die weitestverbreitete Art im Indischen und Pazifischen Ozean. Sie lebt mit den Anemonen zusammen.

POMACENTRIDAE (RIFFBARSCHE)

Name	**HOCHROTER GLÜHKOHLENFISCH** *(Amphiprion ephippium)*
Heimat	Thailand und Malaysia
Größe	14 cm in der der Natur 8 cm im Aquarium
Geselligkeit	Im Gesellschaftsbecken einzeln zu halten. Artgenossen untereinander rauflustig.
Mindestbeckenlänge	80 cm
Temperatur	25 – 28 °C
Aquarienhaltung	Braucht keine Anemone, nimmt auch mit Purpurrosen aus dem Mittelmeer vorlieb.
Futter	Planktonfresser in der Natur; nimmt Flockenfutter, FD-Futter, Frostfutter und *Artemia*
Wichtig zu wissen	Ohne weiße Kopfbinde, dunkler Fleck in der Rückenpartie.

POMACENTRIDAE (RIFFBARSCHE)

Name	**BINDENGLÜHKOHLENFISCH** *(Amphiprion frenatus)*
Heimat	Indischer Ozean: Thailand; Malaysia, Philippinen, Taiwan, Ryukyu-Inseln, Südjapan
Größe	♀ 14 cm ♂ 8 cm
Geselligkeit	Im Gesellschaftsbecken einzeln zu halten, Artgenossen untereinander rauflustig.
Mindestbeckenlänge	80 cm
Temperatur	25 – 28 °C
Aquarienhaltung	Braucht keine Anemone; an die Wasserqualität werden höhere Ansprüche gestellt, Wasserwechsel muß regelmäßig erfolgen.
Futter	Planktonfresser in der Natur; nimmt Flockenfutter, FD-Futter, Frostfutter, *Artemia*
Wichtig zu wissen	Hat weiße Kopfbinde; oft ist kein dunkler Körperfleck vorhanden; Jungtiere haben zwei Binden. Die Art ist am leichtesten (neben *A. ocellaris*) im Aquarium nachzuzüchten. Ab November wird alle 3 Wochen ein Gelege meist in der Nähe einer Anemone abgelaicht (200 – 500 Eier).

POMACENTRIDAE (RIFFBARSCHE)

Name	ORANGE-RINGELFISCH *(Amphiprion ocellaris)*
Heimat	Indischer Ozean: Thailand; Indonesien, Philippinen, Ryukyu-Inseln, Taiwan, West-Australien
Größe	11 cm in der Natur 7 cm im Aquarium
Geselligkeit	Geselliger Schwarmfisch, ist mit anderen Meerwasserfischen gut zusammen zu halten.
Mindestbeckenlänge	80 cm
Temperatur	25 – 28 °C
Aquarienhaltung	Einfach zu halten bei guten Wasserbedingungen, braucht keine Anemone.
Futter	In der Natur Planktonfresser; nimmt Flockenfutter, FD-Futter, Frostfutter und *Artemia*. Sollte fünfmal am Tag gefüttert werden.
Wichtig zu wissen	Ähnelt *Amphipriom percula*, bei dem jedoch die weißen Binden schwarz eingefaßt sind. Gilt als der beliebteste Meerwasserfisch im Aquarium. Einige Tausend Tiere werden pro Jahr allein in Deutschland gezüchtet. Wenn man im Handel Nachzuchttiere bekommen kann, sollte man diese unbedingt den Importtieren vorziehen. Sie sind weniger krankheitsanfällig und futterfest. Auch mit Nachzuchttieren läßt es sich züchten!

POMACENTRIDAE (RIFFBARSCHE)

Name	**HALSBAND-ANEMONENFISCH** *(Amphiprion perideraion)*
Heimat	Indischer Ozean: Thailand; Indonesien, Philippinen, Taiwan, Ryukyu-Inseln, Südjapan, Neuguinea, Großes Barriere-Riff, West-Australien
Größe	10 cm in der Natur 5 cm im Aquarium
Geselligkeit	Verträgliche Art
Mindestbeckenlänge	70 cm
Temperatur	25 – 28 °C
Aquarienhaltung	Ist in der Haltung empfindlicher als andere *Amphiprion*-Arten.
Futter	In der Natur Allesfresser; Flockenfutter, FD-Futter, Frostfutter und *Artemia*
Wichtig zu wissen	Besitzt eine weiße Kiemendeckelbinde. Kein Fisch für Anfänger! Lebt mit der Anemone *Heteractis magnifica* zusammen. Die Art ist sehr schwierig nachzuzüchten.

POMACENTRIDAE (RIFFBARSCHE)

Name	**SATTELFLECK-RINGELFISCH** *(Amphiprion polymnus)*
Heimat	Indischer Ozean: Thailand; Indonesien, Philippinen, Taiwan, Ryukyu-Inseln, Neuguinea; Pazifischer Ozean: Salomon-Inseln
Größe	13 cm (Abbildung oben: juvenil; unten: adult)
Geselligkeit	Darf nicht mit zu ruppigen Fischen vergesellschaftet werden.
Mindestbeckenlänge	80 cm
Temperatur	25 – 28 °C
Aquarienhaltung	Becken nicht zu stark besetzen.
Futter	In der Natur Planktonfresser; Flockenfutter, FD-Futter, Frostfutter, *Artemia*
Wichtig zu wissen	Ist empfindlicher als andere *Amphiprion*-Arten, kein Fisch für Anfänger. Die Schwimmweise dieser Art ist besonders typisch. Unruhig bewegen sich die Tiere wellenförmig auf und ab. Bei anderen Anemonenfischen ist das nicht so ausgeprägt.

POMACENTRIDAE (RIFFBARSCHE)

Name	**WEISSRÜCKEN-ANEMONENFISCH** *(Amphiprion sandaracinos)*
Heimat	Philippinen, Taiwan, Ryukyu-Inseln, West-Australien; Pazifischer Ozean: Salomon-Inseln
Größe	nur 6 cm im Aquarium; 14 cm in der Natur
Geselligkeit	Schwarmfisch; gut für das Gesellschaftsbecken geeignet.
Mindestbeckenlänge	80 cm
Temperatur	25 – 28 °C
Aquarienhaltung	Empfindliche Art. Kein Fisch für Anfänger.
Futter	Planktonfresser in der Natur; Flockenfutter; wählerisch in den Futteransprüchen; benötigt Lebend- oder gefrorenes Ersatzfutter.
Wichtig zu wissen	Ist im Aussehen und in der Haltung *Amphiprion perideraion* ähnlich, hat jedoch keine weiße Kiemenbinde; regelmäßiger Wasserwechsel ist unbedingt erforderlich.

POMACENTRIDAE (RIFFBARSCHE)

Name	**GELBSCHWANZRINGELFISCH, GOLDFLÖSSCHEN** *(Amphiprion sebae)*
Heimat	Indischer Ozean: Malediven, Indien, Thailand; Malaysia-Indochina
Größe	9 cm im Aquarium 16 cm in der Natur (♀)
Geselligkeit	Für Gesellschaftsbecken gut geeignet, da friedfertig.
Mindestbeckenlänge	80 cm
Temperatur	25 – 28 °C
Aquarienhaltung	Ausdauernder Fisch, einfach zu halten, da nicht zu wählerisch beim Futter.
Futter	In der Natur Planktonfresser; ist gefräßig. Flockenfutter, auch TetraPhyll, gefriergetrocknetes Futter und TetraTips, Mückenlarven.
Wichtig zu wissen	Sehr variable Form, hat meist 3 Binden. Schleppt Nahrungsbrocken in Verstecke, daher bei der Fütterung aufpassen, ob alles gefressen wird. Diese Art wird oft mit *A. clarkii* verwechselt, ist jedoch an der zweiten Körperbinde, die sich in der zweiten Rückenflosse fortsetzt, gut zu unterscheiden.

POMACENTRIDAE (RIFFBARSCHE)

Name	**BLAUES SCHWALBENSCHWÄNZCHEN** *(Chromis cyanea)*
Heimat	Karibik, in Innen- und Außenriffen von 1 – 10 m Tiefe
Größe	13 cm
Geselligkeit	Munterer, friedlicher Schwarmfisch; für Wirbellosenbecken gut geeignet, ebenso für ruhige, nicht räuberische Fische.
Mindestbeckenlänge	80 cm für Jungtiere 120 cm für adulte Tiere
Temperatur	22 – 28 °C
Aquarienhaltung	Sauerstoffbedürftige Art; Strömungspumpe; Riffaufbauten aus lebenden Steinen. Sonnenlichtzone.
Futter	Planktonfresser; *Artemia,* Flockenfutter im Filterstrom (Bodenfilter!); FD- und Gefrierfutter
Wichtig zu wissen	Nitrit- und nitratempfindlich. Man sollte sowohl Sonnen- als auch Dämmerlichtzonen bieten.

POMACENTRIDAE (RIFFBARSCHE)

Name	**GRÜNES SCHWALBENSCHWÄNZCHEN, GRÜNE DEMOISELLE** (*Chromis viridis [früher C. caeruleus]*)
Heimat	Indischer Ozean: Rotes Meer, Ostafrika, Seychellen, Mauritius/Réunion/Madagaskar, Sri Lanka, Malediven, Indien, Pazifischer Ozean, Thailand; Japan bis West-Australien
Größe	21 cm in der Natur 8 cm im Aquarium
Geselligkeit	Friedlicher Schwarmfisch, verträglich; einzeln oft scheu.
Mindestbeckenlänge	80 cm
Temperatur	25 – 28 °C
Aquarienhaltung	Braucht Verstecke (Riffaufbauten); liebt frisches Wasser und Sonnenlicht (HQI).
Futter	In der Natur Planktonfresser; häufige Fütterung, kleine Nahrung; *Artemia*; nimmt Flockenfutter, gcfricrgctrocknetes und Frostfutter
Wichtig zu wissen	*Chromis viridis*, das Grüne Schwalbenschwänzchen, wurde bei PREIS im Druckaquarium bereits nachgezogen. Für mich ist es der „freundlichste" Meerwasseraquarienfisch überhaupt. Stets gut mit anderen Fischen und allen Wirbellosen zu vergesellschaften, nicht jedoch mit Räubern.

POMACENTRIDAE (RIFFBARSCHE)

Name	**SAPHIR-RIFFBARSCH** *(Chrysiptera cyanea)*
Heimat	Westlicher Pazifik und östliche Ecke des Indischen Ozeans einschl. West-Australien, Neuguinea, bis Indonesien, Philippinen, Taiwan und Ryukyu-Inseln
Größe	6 cm
Geselligkeit	Gegenüber Artgenossen rauflustiger Schwarmfisch, friedlich gegen andere.
Mindestbeckenlänge	70 cm
Temperatur	25 – 28 °C
Aquarienhaltung	Liebt kleine Höhlen als Versteck, auch für kleine Gesellschaftsaquarien geeignet; gut haltbar.
Futter	In der Natur Allesfresser; Flockenfutter, gefriergetrocknetes und Frostfutter, *Artemia*
Wichtig zu wissen	Die ♂♂ sind oft anders gefärbt, ihre Schwanzflosse ist teilweise oder ganz gelb. Bei den ♀♀ ist die Schwanzflosse entweder blau oder farblos. Die Art ist je nach Herkunftsgebiet sehr variabel gefärbt. Die Zucht im Aquarium ist bereits gelungen.

POMACENTRIDAE (RIFFBARSCHE)

Name	**GELBSCHWANZ-DEMOISELLE** *(Chrysiptera parasema)*
Heimat	Philippinen und Neuguinea; im Pazifischen Ozean bei den Salomon-Inseln
Größe	6,5 cm
Geselligkeit	Schwarmfisch, jedoch gegen Artgenossen rauflustig.
Mindestbeckenlänge	60–80 cm
Temperatur	25–28 °C
Aquarienhaltung	Gut haltbarer Fisch; Versteckmöglichkeiten bieten.
Futter	In der Natur Allesfresser; Flockenfutter, gefriergetrocknetes und Frostfutter, TetraTips, *Artemia*, gelegentlich Algen
Wichtig zu wissen	Ist in der Literatur auch unter *Abudefduf parasema* und *Pomacentrus caeruleus* anzutreffen. Nicht mit anderen blauen Demoisellen vergesellschaften.

POMACENTRIDAE (RIFFBARSCHE)

Name	**SÜDSEEDEMOISELLE, SÜDSEETEUFELCHEN** *(Chrysiptera taupou)*
Heimat	Pazifik: Ozeanien bis zum australischen Großen Barriere-Riff
Größe	8 cm
Geselligkeit	Mit Wirbellosen gut haltbar. Ebenso mit friedlichen Fischen anderer Familien, jedoch nicht mit anderen blauen Demoisellen.
Mindestbeckenlänge	80 cm für Einzeltier 100 cm für Paar
Temperatur	24 – 28 °C
Aquarienhaltung	Riffaquarium mit Versteckmöglichkeiten; gute Filterung.
Futter	Plankton- und Allesfresser; Flockenfutter, FD-Partikel, gelegentlich Pflanzenkost (TetraPhyll)
Wichtig zu wissen	Die Geschlechter lassen sich bei dieser Demoiselle recht gut unterscheiden. Das ♀ zeigt einen dunklen Fleck an der Schwanzflossenbasis. Beim ♂ ist die Rückenflosse spitzer ausgezogen. Bauch beim ♂ ist mehr gelb, beim ♀ weißlicher. Gegenüber blauen Demoisellen gleicher oder anderer Art sehr rauflustig.

POMACENTRIDAE (RIFFBARSCHE)

Name	**EINFLECK-DEMOISELLE** *(Chrysiptera unimaculata)*
Heimat	Indopazifik und Rotes Meer; in der Brandungszone von 1 – 2 m Tiefe
Größe	8 cm
Geselligkeit	Nur Jungtiere bis 4 cm Länge können zusammen gehalten werden. Fische aus anderen Familien und Wirbellosen meist problemlos.
Mindestbeckenlänge	100 cm
Temperatur	22 – 28 °C
Aquarienhaltung	Leicht. Nur Frontscheibe putzen. Algensteine.
Futter	Hauptsächlich Algen; Flockenfutter (TetraPhyll), TetraTips, jedoch auch Gefrierfutter und *Artemia*
Wichtig zu wissen	Ein echter Anfängerfisch, leider sehr raufflustig gegen Artgenossen Ab 5 cm Länge beginnen die Tiere sich umzufärben. Der leuchtend blaue Streifen verschwindet dann, und die Tiere sehen weniger attraktiv gelblich/grau aus. Der kennzeichnende schwarze Fleck zwischen Rückenflosse und Schwanzstiel bleibt jedoch bestehen.

POMACENTRIDAE (RIFFBARSCHE)

Name	**DREIBINDEN-PREUSSENFISCH** *(Dascyllus aruanus)*
Heimat	Weit verbreitet im Indischen Ozean sowie von Japan bis Australien; im Pazifischen Ozean bei den Salomon-, Fidji-, Samoa-, Marshall-Inseln und Hawaii
Größe	7 cm
Geselligkeit	Es eignen sich einzelne und auch mehrere Exemplare dieser Art für das Gesellschaftsbecken.
Mindestbeckenlänge	60 cm für ein Paar für mehrere Tiere ist ein Meterbecken erforderlich
Temperatur	25 – 28 °C
Aquarienhaltung	Sehr gut haltbare Art. Laicht bei guter Pflege, aber die Aufzucht der Jungen ist schwierig.
Futter	In der Natur Allesfresser; Flockenfutter, gefriergetrocknetes und Frostfutter, TetraTips, *Artemia*
Wichtig zu wissen	Lebt in der Natur in Gemeinschaft mit astförmigen Korallen. Kann im Aquarium gut mit Doktorfischen, Anemonenfischen, Grundeln und fast allen Wirbellosen – außer kleinen Krebstieren – vergesellschaftet werden.

POMACENTRIDAE (RIFFBARSCHE)

Name	**WEISSSCHWANZ-PREUSSENFISCH** *(Dascyllus carneus)*
Heimat	Indischer Ozean: Ostafrika, Südafrika, Seychellen, Mauritius/Réunion/Madagaskar, Sri Lanka, Malediven, Indien und Thailand; Malaysia-Indonesien
Größe	6,5 cm
Geselligkeit	Schwarmfisch, aber gegen Gattungsgenossen zänkisch.
Mindestbeckenlänge	70 cm
Temperatur	25 – 28 °C
Aquarienhaltung	Nicht so ausdauernd wie *Dascyllus aruanus*. Braucht Versteckmöglichkeiten (Korallenstock), Felsenaufbauten.
Futter	In der Natur Allesfresser; Flockenfutter, gefriergetrocknetes und Frostfutter, TetraTips, *Artemia*
Wichtig zu wissen	Stößt beim Raufen mit Gattungsgenossen Knurrlaute aus. Die Vergesellschaftung mit größeren wirbellosen Tieren ist gut möglich. Auch andere, gattungsfremde Fische werden außerhalb der Laichzeit geduldet.

POMACENTRIDAE (RIFFBARSCHE)

Name	**BRAUNER PREUSSENFISCH** *(Dascyllus marginatus)*
Heimat	Nur im Roten Meer
Größe	5 – 6,5 cm
Geselligkeit	Besonders angriffslustig, duldet nur wenige andere *Dascyllus*-Arten im Becken. Gegen *Amphiprion* und andere Gattungen verträglich.
Mindestbeckenlänge	60 cm
Temperatur	25 – 28 °C
Aquarienhaltung	Gute Versteckmöglichkeiten bieten; wird wenig importiert, ist aber sehr gut haltbar.
Futter	In der Natur Allesfresser; Flockenfutter, gefriergetrocknetes und Frostfutter, *Artemia*
Wichtig zu wissen	In der Natur assoziiert mit Astkorallen. Problemlos mit fast allen Wirbellosen zu halten.

POMACENTRIDAE (RIFFBARSCHE)

Name	**VIERBINDEN-PREUSSENFISCH** *(Dascyllus melanurus)*
Heimat	Malaysia, Philippinen, Neuguinea, Großes Barriere-Riff; im Pazifischen Ozean bei den Salomon-Inseln
Größe	9 cm in der Natur 7 cm im Aquarium
Geselligkeit	Diese Art ist bevorzugt paarweise zu halten. Auch wenn man die Geschlechter nicht erkennen kann, ist die Haltung zu zweit zu empfehlen.
Mindestbeckenlänge	80 cm
Temperatur	25 – 28 °C
Aquarienhaltung	Einfach zu halten.
Futter	In der Natur Allesfresser; Flockenfutter, gefriergetrocknetes Futter, TetraTips, *Artemia*
Wichtig zu wissen	Gut geeignet für das Gesellschaftsaquarium – auch mit Wirbellosen. Die Art laicht regelmäßig im Aquarium; die Aufzucht der Larven mit *Brachionus* ist jedoch recht schwierig; oft verpilzen bereits die Eier.

POMACENTRIDAE (RIFFBARSCHE)

Name	**DREIPUNKT-PREUSSENFISCH** *(Dascyllus trimaculatus)*
Heimat	Weitverbreitet im Indischen Ozean und von Japan bis Australien mit Ausnahme von Südaustralien; im Pazifischen Ozean mit Ausnahme von Hawaii und dem östlichen Pazifik
Größe	14 cm in der Natur 12 cm im Aquarium
Geselligkeit	Schwarmfisch, aber recht rauflustig.
Mindestbeckenlänge	80 cm für Jungtiere
Temperatur	25 – 28 °C
Aquarienhaltung	Haltbare Art, für Anfänger gut geeignet.
Futter	In der Natur Allesfresser. Ist auch im Aquarium ein guter Fresser, frißt anderen alles weg; Flockenfutter, FD-Futter, *Artemia*
Wichtig zu wissen	Die Art sieht im Alter nicht so ansprechend aus wie die Jungtiere. Wenn diese ausgewachsen sind, werden sie in ihrem Verhalten fast unerträglich. Bevor man sich die hübschen Jungtiere anschafft, sollte man überlegen, wohin später mit den Alttieren! Die Tiere um die Fidji-Inseln sind prächtiger (gelbe Flossen) gefärbt.

POMACENTRIDAE (RIFFBARSCHE)

Name	**NEON-RIFFBARSCH** *(Neoglyphidodon oxyodon)*
Heimat	Indonesien und Philippinen
Größe	in der Natur 16 cm im Aquarium 8 cm
Geselligkeit	Groß werdender Einzelgänger, Jungtiere können im Schwarm gepflegt werden.
Mindestbeckenlänge	80 cm
Temperatur	25 – 28 °C
Aquarienhaltung	Benötigt ein geräumiges Aquarium, da die Art ziemlich groß wird.
Futter	In der Natur Allesfresser; Flockenfutter, gefriergetrocknetes und Frostfutter, TetraTips
Wichtig zu wissen	Die Rückenflossenstrahlen können schmerzhafte Verletzungen hervorrufen. Für das Wirbellosenbecken mit Blumentieren geeignet.

POMACENTRIDAE (RIFFBARSCHE)

Name	**KEILDEMOISELLE** *(Neopomacentrus azysron)*
Heimat	Pazifik außer Fidji-Inseln
Größe	8 cm
Geselligkeit	Mit fast allen Fischen und Wirbellosen gut haltbar. Schwarmfisch. Zur Laichzeit bildet jedes einzelne ♂ ein eigenes Revier.
Mindestbeckenlänge	Für 5 Tiere ein Meterbecken
Temperatur	23 – 28 °C
Aquarienhaltung	Leicht. Viel Versteckmöglichkeiten; als Laichplatz ein größeres Schneckenhaus von ca. 12 – 15 cm oder einen Blumentopf pro ♂ einbringen.
Futter	Planktonfresser; Flockenfutter, *Artemia,* Frostfutter, Rote Mückenlarven
Wichtig zu wissen	Eine sehr territoriale Art, die aber trotzdem zu mehreren Tieren gepflegt werden sollte. Die Territorien sind sehr klein und werden ohne Beißereien gegenseitig geachtet. ♂ etwas größer als ♀. Bei der Balz tragen die ♂♂ zwei weiße Zügelbinden auf der Stirn. Im Winter laichen die Paare alle 2 – 3 Wochen ab. Die Aufzucht der Jungen ist bisher nicht gelungen.

POMACENTRIDAE (RIFFBARSCHE)

Name	**GELBBAUCH-RIFFBARSCH** *(Pomacentrus auriventris)*
Heimat	Malaysia — Indonesien, Neuguinea
Größe	9 cm
Geselligkeit	Für Gesellschaftsbecken geeignet, aber unter Artgenossen sehr rauflustig.
Mindestbeckenlänge	80 — 100 cm
Temperatur	25 — 28 °C, auch unter 25 °C, aber nicht unter 21 °C
Aquarienhaltung	Möglichst nur gleich starke Tiere zusammen halten.
Futter	In der Natur Allesfresser; Flockenfutter, gefriergetrocknete Futtermittel und Frostfutter, *Artemia*
Wichtig zu wissen	*Pomacentrus auriventris* gehört zu den von Dr. Gerald R. Allen wissenschaftlich neu beschriebenen Arten. Dieser Fisch wurde lange Zeit unter verschiedenen Namen geführt, z. B. *Pomacentrus pulcherimus*.

POMACENTRIDAE (RIFFBARSCHE)

Name	**NEON-DEMOISELLE** *(Pomacentrus coelestis)*
Heimat	Indischer Ozean: Sri Lanka und Thailand; von Japan bis Australien mit Ausnahme von Süd-Australien, Pazifischer Ozean, nicht bei Hawaii
Größe	9 cm
Geselligkeit	Gegen Artgenossen und ähnlich aussehende Fische sehr rauflustig.
Mindestbeckenlänge	80 cm
Temperatur	25 – 28 °C
Aquarienhaltung	Möglichst nur gleich starke Tiere zusammen halten.
Futter	In der Natur Allesfresser; Flockenfutter, gefriergetrocknetes und Frostfutter, *Artemia*
Wichtig zu wissen	Das intensive Blau auf dem Körper und das Gelb auf den Flossen ist in den verschiedenen Verbreitungsgebieten sehr unterschiedlich.

POMACENTRIDAE (RIFFBARSCHE)

Name	**GELBBAUCH-DEMOISELLE** *(Pomacentrus caeruleus)*
Heimat	Indischer Ozean: Thailand bis Ostafrika (Kenia)
Größe	9 cm
Geselligkeit	Schwarmfisch; zwei ♂♂ raufen sich; ab 6−8 Tieren im Schwarm verliert sich das.
Mindestbeckenlänge	120 cm für einen kleinen Schwarm 80 cm für Einzeltiere (nicht ratsam)
Temperatur	23 − 28 °C
Aquarienhaltung	Im Riffaquarium relativ leicht. Sonnenlichtzone. Versteckmöglichkeiten bieten.
Futter	Allesfresser, besonders gern Flockenfutter, FD-Futter und *Artemia*; Frostfutter
Wichtig zu wissen	Für Wirbellosenbecken gut geeignet. Nitrit- und nitratempfindlich.

POMACENTRIDAE (RIFFBARSCHE)

Name	**GELBER RIFFBARSCH, GELBE DEMOISELLE** *(Pomacentrus moluccensis)*
Heimat	Thailand; von Japan bis Australien mit Ausnahme von Südjapan und Süd-Australien; im Pazifischen Ozean bei den Salomon- und Fidji-Inseln
Größe	7 cm
Geselligkeit	Gut für Gesellschaftsaquarien geeignet.
Mindestbeckenlänge	70 cm
Temperatur	25 – 28 °C
Aquarienhaltung	Die Art liebt Versteckmöglichkeiten. Etwas anfällig; häufiger Wasserwechsel wird angeraten.
Futter	In der Natur Allesfresser; Flockenfutter, gefriergetrocknetes Futter und Frostfutter
Wichtig zu wissen	Exemplare von den Fidji-Inseln sind eher rotbraun gefärbt als gelb.

POMACENTRIDAE (RIFFBARSCHE)

Name	SAMTANEMONENFISCH *(Premnas biaculeatus)*
Heimat	Indischer Ozean: Indien und Thailand; Malaysia, Philippinen, Thailand, Neuguinea und Großes Barriere-Riff; Salomon-Inseln
Größe	17 cm in der Natur (♀) 9 cm im Aquarium; das ♂ bleibt stets kleiner
Geselligkeit	Gegen Artgenossen zänkisch, kann aber mit anderen Riffbarschen vergesellschaftet werden.
Mindestbeckenlänge	80 cm
Temperatur	25 – 28 °C
Aquarienhaltung	Die Art kann wie andere Anemonenfische gehalten werden, ist aber besonders anfällig gegen schlechtes Wasser (Nitrit/Nitrat).
Futter	In der Natur Allesfresser; Flockenfutter, FD-Futter, Frostfutter, *Artemia*
Wichtig zu wissen	Lebt zusammen mit der Anemone *Entacmaea quadricolor*. Die Art/Gattung ist eng mit *Amphiprion* verwandt, trägt jedoch ähnlich den Kaiserfischen einen Kiemenstachel.

POMACENTRIDAE (RIFFBARSCHE)

Name	**SCHÖNER GEORG** *(Stegastes leucostictus)*
Heimat	Im Atlantischen Ozean: Golf von Mexiko, Nördl. und Südl. Karibik, Florida, Bermudas
Größe	15 cm
Geselligkeit	Revierbildender Einzelgänger, trotzdem für Gesellschaftsbecken geeignet.
Mindestbeckenlänge	70 cm
Temperatur	25 – 28 °C, auch unter 25 °C, nicht unter 21 °C
Aquarienhaltung	Recht gut haltbar; wie fast alle Riffbarsche, braucht Versteckmöglichkeiten.
Futter	In der Natur Allesfresser; Flockenfutter, gefriergetrocknetes Futter, *Artemia*
Wichtig zu wissen	Das Farbkleid dieser Art ist sehr variabel. Laicht mit mehreren ♂♂ nacheinander gern in einem Schneckenhaus ab. Das ♂ bewacht die Eier bis zum Schlupf.

PSEUDOCHROMIDAE (ZWERGBARSCHE)

Name	**DIADEM-ZWERGBARSCH** *(Pseudochromis diadema)*
Heimat	Westlicher Pazifik: Philippinen bis zur Malayischen Halbinsel
Größe	6 cm
Geselligkeit	Die Art wird als „Giftzwerg" unter den Zwergbarschen bezeichnet! Vergesellschaftung mit Blumentieren problemlos. Einzelhaltung!
Mindestbeckenlänge	80 cm
Temperatur	24 – 26 °C
Aquarienhaltung	Riffaquarium mit Verstecken. Sonnenlichtzone.
Futter	*Artemia*, FD- und Frostfutter
Wichtig zu wissen	Von den etwa 50 Arten der Gattung *Pseudochromis* werden hier die vier am meisten importierten Arten vorgestellt. Alle sind für fortgeschrittene Aquarianer gut haltbar. Der Anfänger sollte sich diese Arten jedoch erst nach erfolgreicher Pflege von leichter zu pflegenden Arten, z.B. *Pomacentridae*, zuwenden.

PSEUDOCHROMIDAE (ZWERGBARSCHE)

Name	**FRIDMANS ZWERGBARSCH, KÖNIG-SALOMON-FISCHCHEN** *(Pseudochromis fridmani)*
Heimat	Rotes Meer in 1 – 60 m Tiefe!
Größe	7 cm
Geselligkeit	Einzelhaltung. Vergesellschaftung mit anderen Fischen und niederen Tieren leicht möglich. Das ganze Becken ist sein Revier.
Mindestbeckenlänge	80 cm
Temperatur	24 – 26 °C
Aquarienhaltung	Riffaquarium mit Versteckplätzen. Mittellichtzone. Empfindlich gegen pH-Schwankungen.
Futter	Flockenfutter, TetraTips-Brocken, Gefrierfutter, FD-Stoffe
Wichtig zu wissen	Ansprechende Art, aber ein Teufel gegen Artgenossen. Wie es jemals zur Paarung kommt, ist nicht bekannt. Die Tiere können jahrelang in einem unbedeckten Aquarium gut leben, springen dann aber eines Tages ohne ersichtlichen Grund heraus. Deshalb Becken abdecken, wenn man Zwergbarsche pflegt. Vielleicht wollen sie auf „Wanderschaft" gehen.

PSEUDOCHROMIDAE (ZWERGBARSCHE)

Name	PACCAGNELLAS ZWERGBARSCH *(Pseudochromis paccagnellae)*
Heimat	Westlicher Pazifik: Indonesien, Philippinen, Australisches Barriere-Riff
Größe	7 cm
Geselligkeit	Einzelgänger; mit Wirbellosen und größeren, friedlichen Fischen gut zu vergesellschaften. Aggressiv, territorial.
Mindestbeckenlänge	80 cm
Temperatur	24 – 28 °C
Aquarienhaltung	Im Wirbellosenbecken nicht allzu schwierig. Felsaufbauten mit Höhlen. Sonnenlichtzone.
Futter	Jegliche Art von Krebs-, Fisch- und Muschelfleisch. Lebende *Artemia*
Wichtig zu wissen	Ähnelt dem Feenbarsch *Gramma loreto* aus der Karibik etwas. Verkriecht sich bei Gefahr in seine Wohnhöhle. Sofern diese in einem Korallenstock oder Felsloch liegt, kann man mitunter das gesamte Stück mit dem Fisch aus dem Wasser heben. Höhlenbrüter.

PSEUDOCHROMIDAE (ZWERGBARSCHE)

Name	**PORPHYR-ZWERGBARSCH** *(Pseudochromis porphyreus)*
Heimat	Westlicher Pazifik von den Philippinen bis nach Japan
Größe	6 cm
Geselligkeit	Einzelgänger; sehr rauflustig gegenüber Artgenossen. Mit anderen Fischen und Wirbellosen problemlos zu pflegen.
Mindestbeckenlänge	60 cm
Temperatur	23 – 28 °C
Aquarienhaltung	Leicht in allen gut gepflegten Aquarien haltbar. Riffaquarium mit zahlreichen Höhlen ist die ideale Hälterungsart.
Futter	Alles feinere Lebend- und Frostfutter. Gelegentlich werden auch Futterflocken angenommen; TetraTips-Brocken
Wichtig zu wissen	Bei pH-Schwankungen (durch CO_2-Überdosierung) werden die Tiere schnell von weißen Pünktchen überzogen. Leicht zu unterscheiden von *P. fridmani:* Bei dieser Art sind die Flossen blau, während sie bei *P. porphyreus* durchsichtig sind.

Serranidae, Unterfam.: Anthiinae (Säge-, Fahnenbarsche)

Name	**ROTER FAHNENBARSCH, JUWELEN-FAHNENBARSCH** *(Pseudanthias squamipinnis)*
Heimat	Rotes Meer und gesamter tropischer Indopazifik bis Südjapan und zum Australischen Barriere-Riff
Größe	16 cm
Geselligkeit	Echter Schwarmfisch, der in Gruppen zu wenigstens 6 Tieren gehalten werden sollte. Für Wirbellosenbecken gut passend.
Mindestbeckenlänge	120 cm, besser ein Zweimeterbecken für 6 – 8 Tiere
Temperatur	22 – 28 °C
Aquarienhaltung	Riffaquarium mit Strömungspumpe(n), Nitratfilter; Wasserwechsel alle 4 Wochen mind. 25%. Sonnenlichtzone.
Futter	Planktonfresser; Flockenfutter, *Artemia, Mysis,* FD Partikel, Gefrierfutter
Wichtig zu wissen	Die Art ist sehr sauerstoffbedürftig und bedarf viel Aufmerksamkeit bei der Nitrit-/Nitrat-Überwachung. Sie ist sehr schwimmfreudig und braucht daher viel Platz. Die Dekoration sollte deshalb sparsam sein. Unterschlupfmöglichkeiten müssen trotzdem geboten werden.

SIGANIDAE (KANINCHENFISCHE)

Name	**EINFLECK-FUCHSGESICHT** *(Siganus [Lo] unimaculatus)*
Heimat	Südwest-Pazifik von Indonesien bis zum Australischen Barriere-Riff
Größe	ca. 20 cm Länge
Geselligkeit	Fuchsgesichter (es gibt 4 Arten) können paarweise gehalten werden. Meist jedoch Einzelhaltung mit Wirbellosen und anderen, nicht gelben Fischen.
Mindestbeckenlänge	120 cm
Temperatur	25 – 28 °C
Aquarienhaltung	Versteckmöglichkeiten bieten. Die Tiere ruhen nachts unter Anlegen eines „Tarnkleides" zwischen Spalten und Algenbüscheln.
Futter	Allesfresser, jedoch bevorzugt Algen und andere Pflanzenkost: TetraPhyll-Großflocken, Salat
Wichtig zu wissen	Die nahe verwandte Art *S. vulpinus* wird 25 cm lang und besitzt keinen schwarzen Fleck. Die Rückenflosse sollte nicht mit der bloßen Hand angefaßt werden; sie besitzt giftige Stacheln, die äußerst schmerzhafte Verletzungen hervorrufen können. Sonst sehr friedliche Art.

SYNGNATHIDAE (SEEPFERDCHEN)

Name	**SEEPFERDCHEN** *(Hippocampus kuda)*
Heimat	Pazifischer Ozean
Größe	10 – 12 cm
Geselligkeit	Sehr friedliche und bewegungsarme Tiere. Am besten im Artbecken halten. Sofern nicht gezüchtet wird, kann man friedliche, bodenbewohnende Fische hinzugesellen.
Mindestbeckenlänge	60 cm für ein Paar 100 cm für die Zucht
Temperatur	22 – 28 °C
Aquarienhaltung	Wirbellosenbecken mit Gorgonien und *Caulerpa*. Schwache Filterung. Sonnen- bis Mittellichtzone.
Futter	Lebendfutter; *Artemia* jeder Größe, *Mysis*
Wichtig zu wissen	Die Art pflanzt sich willig im Aquarium fort. Das ♀ legt die Eier in die Brusttasche des ♂. Dort werden sie erbrütet und verlassen diese als fertige Miniausgabe der Eltern. Aufzucht mit *Brachionus* und frisch geschlüpftem *Artemia*. Etagenzucht: Mehrere Bruten verschiedener Größe wachsen nebeneinander auf. Es treten gelbe, schwarze und weiße sowie gescheckte Farbformen auf.

WIRBELLOSE TIERE

Einführung

Wirbellose Tiere sind in der Entwicklungsgeschichte weitaus älter als z. B. die Fische.

Die ersten Auflagen der „Seewasser-Praxis" befaßten sich ausschließlich mit den Fischen. Heute interessieren den Meerwasseraquarianer mehr und mehr auch die Wirbellosen.

Diese Tiergruppe hat im Korallenriff eine ungeheure Artenvielfalt entwickelt. Ein Riff ohne wirbellose Tiere gilt als tot. Vor der Küste Floridas (USA) werden künstliche Riffe aus alten Autoreifen aufgebaut. Das gibt zwar Unterschlupf für Fische und deren Jungbrut, aber ein Riff wird kaum daraus.

Ein lebendes Riff mit seinen verschiedenen Korallenarten, Anemonen, Krebsen, Seesternen, Seegurken, verschiedenen Algenarten, Gorgonien und nicht zuletzt den Hunderten von Fischarten ist auf dieser Welt fast nur noch in Gegenden intakt, die weitab von der Zivilisation liegen. Es verwundert daher nicht, daß der Mensch, oder wenigstens einige, ein solches Miniriff im Aquarium nachvollziehen wollen.

Mit fortschreitender Technik und insbesondere den heute weitgehend naturnahen Meeressalzen ist das möglich geworden. Die Meerwasseraquaristik hat sich auf einen festen, ernsthaften Kreis begeisterter und intensiver Liebhaber zurückgezogen.

Vor einigen Jahren noch wurden die plakatfarbigen Fische allen anderen vorgezogen, nichts konnte bunt und teuer genug sein. Heute kehrt der Meerwasseraquarianer mehr zum Ursprung der Aquarienpflege zurück. Um die Jahrhundertwende wurden bereits Meerwasseraquarien mit Anemonen der englischen Küstenbereiche gepflegt. Worin mag diese Rückkehr zum Ursprung der Meerwasseraquaristik liegen?

Vor einigen Jahren noch waren die wirbellosen Tiere als zu schwierig zu halten verpönt. Bunte, muntere Fische waren Objekte der Leidenschaft. Oftmals waren diese bunten Fische jedoch vom Fangort her krank. Sie wurden mit Gift betäubt und gelangten schon mit schweren Leberschäden zum Händler/Aquarianer. Teure Fische von Manila, Singapur oder der Karibik starben meist innerhalb weniger Wochen.

Wirbellose Tiere brauchen nicht mit Gift (wie Fische) gefangen zu werden, da ihre Fluchtreaktion ganz anders ist als bei Fischen. Wie könnten Meeresanemonen fliehen?

Ich sehe den Grund des Aufblühens der Meeresaquaristik mit wirbellosen Tieren darin:

Wirbellose Tiere

Ein Meeresaquarium mit einer sorgfältigen Auswahl von seßhaften und beweglichen Wirbellosen.

Diese Tiere haben im Aquarium gute Überlebenschancen und sogar die der Vermehrung. Sie sind nicht mit Giften gefangen wie viele Fische. Dazu kommt in hohem Maße die Verfeinerung der Meeressalze, der Abschäumtechnik und nicht zuletzt die bessere Erfahrung der Fachhändler, die Meerwassertiere zu hältern.

Ich glaube und hoffe auch, daß die „Neue Meerwasser-Praxis" dazu beigetragen hat und weiter dazu beiträgt, den ernsthaften Meerwasseraquarianer zu beeinflussen, daß er nur Tiere pflegt, die seinem Können und seinen Mitteln entsprechen. Das höchste Ziel ist wohl für den Perfektionisten, ein Riff in seiner Vielfalt nachzubilden, also Landschaft, wirbellose Tiere und einige Fische in einem Aquarium zusammen zu halten.

Aus eigener Erfahrung kann ich nur empfehlen:

Gehen Sie das Thema, wirbellose Tiere **und** Fische im Aquarium gemeinsam zu pflegen, langsam an. Die nachfolgende Auswahl wirbelloser Tiere gibt einen Überblick über die am leichtesten zu pflegenden Tiere und auch solche, die fast regelmäßig im einschlägigen Fachhandel erhältlich sind.

Sollten Sie wirbellose Tiere aus dem Mittelmeerraum oder auch von anderen Schnorchel-/Tauchreisen in eigener Regie mit nach Hause bringen wollen, so muß ich mit aller Eindringlichkeit davon abraten.

Nur wer über wenigstens 5 Jahre intensiver Meerwasserpraxis verfügt und zu Hause entsprechend **vorbereitete** Becken stehen hat und zudem die beste-

WIRBELLOSE TIERE

henden Naturschutzgesetze beachtet, vermag so etwas mit Erfolg zu tun.

Die Haltung wirbelloser Tiere steht und fällt mit der Qualität des **Leitungswassers:** Es darf kein Nitrat enthalten sein. Sofern dieses nachweisbar ist (auch Anfrage beim Wasserwerk hilft — wenn man keinen Nitrattest zur Hand hat), muß mit dem Einsetzen der Tiere so lange gewartet werden, bis das Nitrat verschwunden ist. Zur Entfernung von Nitrat sind verschiedene Nitrat-Filtermassen, die im Handel zu haben sind, geeignet.

Ein mit unterschiedlichen Arten von Wirbellosen, Fischen und Pflanzen (unter anderen verschiedene Anemonen, *Acanthurus leucosteron* und *A. pyroferus* sowie *Centropyge-heraldi*) besetztes Aquarium ähnelt dem natürlichen Lebensraum.

In gut veralgten Becken werden kleine Mengen Nitrat (bis 10 mg/l) von den Algen als Nährstoff aufgenommen.

Korallenpolypen, Scheiben- und Krustenanemonen stellen die Nahrungsaufnahme schon bei einem Nitratgehalt von 15—20 mg/l ein.

Die **Qualität des** verwendeten **Meersalzes** ist der nächste entscheidende Faktor für die artgerechte Haltung der wirbellosen Tiere. Mein Vorschlag: Sie verwenden am besten das gleiche Meersalz, wie es Ihr Fachhändler benutzt. Auch die Dichte sollten Sie bei Ihrem Fachhändler, bei dem Sie Ihre Tiere kaufen, erfragen. Viele wirbellose Tiere vertragen einen Wechsel in der Dichte schlecht. Ein guter Mittelwert ist 1.022 (s. Seite 19).

Die **Auswahl der Tiere** wird in den nachfolgenden Beschreibungen besonders durch den Punkt „Vergesellschaftung" erleichtert. Was jedoch ebenso wichtig ist: Sofern möglich, sollten Sie frisch importierte Tiere erst einige Tage bei Ihrem Fachhändler beobachten. Blumentiere, Strudelwürmer oder Korallen könnten Verletzungen tragen, die besonders leicht bei der Entfernung vom Substrat (Bodengrund, Felsen etc.) entstehen.

Die mir noch wichtig erscheinenden Faktoren sind:

Licht ist eine Kostenfrage. Man muß schon einige hundert Mark hinlegen, um eine gute Lichtanlage zu installieren. Aber ohne eine solche geht es nicht. Bei schlechtem Licht kümmern viele Tiere nach wenigen Wochen oder Monaten dahin, werden immer kleiner und verenden schließlich. Die Ursache mag darin liegen, daß eine ganze Reihe wirbelloser Tiere Algen (Zooxanthellen) im Gewebe anlagern. Und diese Algen benötigen viel Licht, um den beiderseitigen Stoffwechsel aufrechtzuerhalten.

Futter. Hier liegt die eigentliche Problematik in der Pflege der meisten wirbellosen Tiere. Einige Tiere kann man mit *Artemia* und gefriergetrockneten Futtermitteln, TetraTips Futtertabletten (evtl. zerrieben) und Frostfutter gut ernähren. Andere benötigen feinstes Plankton, welches man sich selbst aus Kulturansätzen züchten muß. Zuchtansätze erhält man in guten Zoofachgeschäften mit einer gutgeführten Meerwasserabteilung mit der dazugehörigen Nährlösung. Es handelt sich um Rädertierchen (Rotiferen) *Brachionus sp.* und *B. plicatilis*.

Zuchtansätze der Algenart *Chlorella* können dort ebenfalls erworben werden. Mit *Brachionus* und *Chlorella* lassen sich auch die Larven von z.B. *Amphiprion*-Arten aufziehen.

Viele wirbellose Tiere nehmen zerfallene organische Stoffe, z.B. auch Kot von Seeigeln, als Nahrung über das Wasser auf. Deshalb ist es besonders wichtig, auf peinliche Sauberkeit und hohe, reine Wasserqualität zu achten. Ein guter und großer biologischer Filter ist neben den vorgenannten Punkten die Hauptsache für ein gutes Gelingen bei der Pflege von wirbellosen Tieren.

Schließlich bitte ich Sie noch, sich in Geduld zu üben. Es dauert sicher 100 Tage und mehr, ehe ein Riffaquarium soweit ist, wie Sie es sich wünschen. In der Zwischenzeit sollten Sie so wenig wie möglich darin hantieren.

ANTHOZOA (BLUMENTIERE)

Zu den Octokorallen gehört *Minabea indica*.

Demospongiae (Hornkieselschwämme)

Name	*Cliona rastifica*
Heimat	Hornkieselschwämme leben mit über 9000 Arten in allen Meeren. Besonders reich sind sie in subtropischen und tropischen Meeren vertreten, wo sie oft auch in flachem Wasser zu finden sind. Aquaristisch nur wenige Arten aus Indo-Pazifik und Karibik.
Größe	Wenige cm bis über 50 cm
Haltung	• Temperatur: 20 bis 26 °C. • Licht: Importierte Arten mit wenigen Ausnahmen dunkel. • Schwierigkeitsgrad: Nur für Fortgeschrittene. Hornkieselschwämme sind im allgemeinen schwierig. Veralgung muß unbedingt verhindert werden. Gezielt importierte Arten oft hinfällig. Spontan im Aquarium entwickelte (z.B. aus lebenden Steinen) sehr haltbar. Dürfen nicht mit Luft in Berührung kommen. Möglichst im Dunkeln plazieren.
Fütterung	Tierisches und pflanzliches Feinstplankton oder Ersatzplankton aus gefriergetrockneten und tiefgefrorenen Futterstoffen.
Vergesellschaftung	Andere Planktonfiltrierern wie festgewachsene Blumentiere, Muscheln, Röhrenwürmer, Manteltiere u.ä., Garnelen, Kleinfische wie Riffbarsche *Pomacentridae*, Zwergbarsche *Pseudochromidae*, kleine Zackenbarsche *Serranidae*, Skorpionsfische *Scorpionidae* z.B. Rotfeuerfische, Grundeln *Gobiidae*, Schleimfische *Blenniidae*, Mandarinfische *Synchiropus* und Brunnenbauer *Opisthognatus*. Freßfeinde sind verschiedene Porzellanschnecken *Cypraeidae,* Seeigel, besonders Griffelseeigel *Cidaridae*, Nacktkiemerschnecken und andere räuberische Meeresschnecken. Kaiserfische, besonders *Pomacanthus paru* und *Pygoplites diacanthus*.
Besonderheiten	Größere Schwammkolonien beherbergen ein reiches „Innenleben". So finden sich in den Hohlräumen besonders oft verschiedene Kleinkrebse, wie Meerflohkrebse *Amphipoda*, Asseln *Isopoda*, winzige Pistolengarnelen *Alpheidae* und andere Garnelenarten. Oft sind sie äußerlich von Krustenanemonen *Zoanthidae* bewachsen oder winzige Schlangensterne *Ophidoidea* kriechen in und auf ihnen.

ANTHOZOA (BLUMENTIERE), ALCYONCEA (LEDERKORALLEN)

Name	**BUNTE WEICHKORALLE** *Dendronephthya klunzingeri* (Studer)
Heimat	Rotes Meer, Indischer Ozean; in ähnlichen Arten auch Pazifik.
Größe	Von wenigen cm bis über 1 m.
Haltung	• Temperatur: 20 bis 24 °C, möglichst nicht höher. • Licht: Keine besonderen Ansprüche, liebt dämmerige Standorte. • Schwierigkeitsgrad: Für Fortgeschrittene mit größerer Praxis und Spezialisten. Unverletzte Tierstöcke im Aquarium recht ausdauernd, aber pflegeintensiv. Sauberes, stark bewegtes Wasser. Fütterung gezielt nur bei voll geöffneter Kolonie. Dämmerig oder dunkel unterbringen. Tierstock auf Korallengeäst oder Riffgestein plazieren. Nicht im Bodengrund, da sonst leicht verfault.
Fütterung	Sollte wenigstens einmal pro Tag gezielt mit tierischem Plankton und Ersatzplankton über Futterrohr ernährt werden.
Vergesellschaftung	mit anderen Planktonfressern, besonders Schwämmen, nicht riffbildenden Steinkorallen, Hornkorallen, Röhrenwürmern, Muscheln, Haarsternen, Schlangensternen. Möglichst nicht mit Fischen vergesellschaften, wenn überhaupt, höchstens Seenadeln, Schläfergrundeln, Mandarinfischen. Keine Garnelen und andere Krebstiere. Keine großen Gehäuseschnecken und räuberische Seesterne.
Besonderheiten	Besitzt im Gegensatz zu *Sarcophyton trocheliophorum* keine symbiotischen Algen, muß daher intensiv gefüttert werden. Oft mit kommensalischen Garnelen der Gattung *Periclimenes* und winzigen Schlangensternen. Typische Freßfeinde gleich gefärbte Eischnecken, die vom Tierstock kaum zu unterscheiden sind.

Anthozoa (Blumentiere), Alcyoncea (Lederkorallen)

Name	**KENIABÄUMCHEN** *Lemnalia africana*
Heimat	Indischer Ozean, besonders afrikanische Küste
Größe	ca. 30 cm
Haltung	• Temperatur 23 – 27 °C. • Licht: Mittellichtzone. In den ersten Tagen der Eingewöhnung sollte HQI-Licht gedämpft werden. • Schwierigkeitsgrad: Dies ist eine Weichkoralle nur für Aquarianer mit viel Fingerspitzengefühl. Schwache Filterströmung. Mindestbeckenlänge 80 cm; Höhe 50 cm.
Fütterung	Feinstes Plankton. Muschelmilch, aufgeschwemmte TetraTips mit einer Pipette 2 – 3 mal wöchentlich.
Vergesellschaftung	Gedeihen am besten im Artenbecken. Vergesellschaftung mit kleinen Krebstieren und bodenbewohnenden Fischen.
Besonderheiten	In Becken mit Anemonen (auch Krusten- und Scheibenanemonen) gedeiht diese Weichkoralle nicht recht. In phosphathaltigem Wasser sterben die Zooxanthellen ab und können das Keniabäumchen nicht mehr ernähren.

ANTHOZOA (BLUMENTIERE), PENNATULACEA (SEEFEDERN)

Name	**WALZEN-SEEFEDERN** *Cavernularia obesa* (Valenciennes)
Heimat	Tropischer und subtropischer Indo-Pazifik auf Sandböden und Schlammsandböden in Zonen mit nicht zu starker Wasserbewegung, z.B. Buchten, Häfen etc. Importiert von Singapur, Indonesien und den Philippinen.
Größe	Aquarienexemplare meist um 15 cm, in der Natur bis 40 cm.
Haltung	• Temperatur: 20 bis 24 °C, sterben bei über 28 °C ab. • Licht: Keine besonderen Ansprüche. • Schwierigkeitsgrad: Anfänger mit 1 bis 2 Jahren Praxis. Unverletzte Exemplare sehr ausdauernd, wenn gezielt gefüttert. Benötigen feinen Sand zum Verankern, mindestens 10 cm hoch. Mäßige bis zeitweise starke Wasserbewegung. Dämmerungs- und nachtaktiv. Öffnen sich bei Fütterung auch tagsüber.
Fütterung	Tierisches Plankton und Ersatzplankton wie die vorigen.
Vergesellschaftung	mit nicht zu vielen Kleinfischen wie bei Schwämmen, anderen festgewachsenen Blumentieren, Röhrenwürmern, Muscheln und Manteltieren. Nicht zu Zylinderrosen oder Seeanemonen setzen. Keine großen „Korallenfische", keine großen Krebstiere, Schnecken und räuberischen Seesterne.
Besonderheiten	Manche Exemplare leuchten, wenn sie mit langwelligem UV-Licht bestrahlt werden.

Anthozoa (Blumentiere), Stolonifera (Röhrenkorallen)

Name	**GRÜNE RÖHRENKORALLE** *Clavularia viridis* (Quoy & Gaimard)
Heimat	Tropischer Indo-Pazifik auf abgestorbenem Korallengeäst und Riffgestein. Flachwasser von 0 bis ca. 8 m Tiefe. Wird aus Indonesien, Singapur, Philippinen und Ceylon importiert.
Größe	Großflächige Kolonien von mehreren Dezimetern Durchmesser.
Haltung	• Temperatur: 20 bis höchstens 26 °C. Stirbt bei T über 30 °C ab. • Licht: Mindestens 3 Leuchtstoffröhren, besser HQI. • Schwierigkeitsgrad: Anfänger mit 1 bis 2 Jahren Praxis. Die um faust- bis handflächengroßen Tierstöcke sind einfach zu pflegen, solange keine Fadenalgen im Becken sind. Hell und bei mäßig starker Wasserbewegung plazieren. Sehr gutes Wachstum unter Halogen-Metalldampflampen (z. B. Powerstars). Keine spezielle Fütterung, da über ihre symbiotischen Algen lebend.
Fütterung	Keine spezielle Fütterung notwendig.
Vergesellschaftung	Wie bei Schwämmen, wird manchmal von Garnelen angezwickt, aber selten zerstört. Keine Falterfische, Kaiserfische, Drückerfische und andere Hartschalenfresser. Keine Großkrebse wie Krabben, große Einsiedlerkrebse, Hummer, Langusten. Keine Seeanemonen und Zylinderrosen. Keine räuberischen Meeresschnecken oder Seesterne.
Besonderheiten	Verliert bei nicht ausreichender Beleuchtung die grüne Färbung. Verwandt mit der bekannten Orgelkoralle *Tubipora musica*.

ANTHOZOA (BLUMENTIERE), SCLERACTINIA (STEINKORALLEN)

Name	**BLÜMCHENKORALLE, MARGUERITENKORALLE** *Goniophora lobata* (Blainville)
Heimat	Indopazifik; Indonesien, Sri Lanka, Malediven
Größe	Eine Kolonie kann den ∅ von 20 – 25 cm bekommen
Haltung	• Temperatur: 22 – 26 °C. • Licht: Sonnenlichtzone (HQI). • Schwierigkeitsgrad: Schwierig; meist leben die Tiere nicht länger als 1 – 2 Jahre. Liebt Strömung. Kalkwasserzugabe. Vorteilhaft ist ein erhöhter Standplatz auf einem Rohr oder Blumentopf.
Fütterung	Artemia, zerriebene FD-Futterstoffe, Muschelmilch. Einzeln oder gezielt mit der Futterspritze füttern.
Vergesellschaftung	Nicht mit nesselnden Anemonen halten. Garnelen und kleine Fische problemlos. Abstand zu anderen Blumentieren mindestens 10 cm.
Besonderheiten	*Amphiprion* „kuscheln" sich bei Mangel einer Symbiose-Anemone gern in die Blümchenkoralle. Diese wird davon jedoch so belästigt, daß sie häufig zusammengezogen ist und dann durch die Zooxanthellen nicht mehr richtig ernährt werden kann.

ANTHOZOA (BLUMENTIERE), SCLERACTINIA (STEINKORALLEN)

Name	**BLASENKORALLE** *Plerogyra sinuosa* (Dana)
Heimat	Auffällige riffbildende Steinkoralle im Roten Meer und tropischen Indo-Pazifik. Hauptverbreitungsgebiet im Innen- und Außenriff an nicht zu strömungsstarken Stellen von ca. 3 bis ca. 15 m Wassertiefe. Häufig exportiert aus: Indonesien, Philippinen, Singapur, Sri Lanka.
Größe	Aquarienexemplare von 3 bis ca. 15 cm Durchmesser, in der Natur bis 2 m.
Haltung	• Temperatur: 20 bis 26 °C, stirbt über 30 °C ab. • Licht: 3 bis 5 Leuchtstoffröhren oder HQI. • Schwierigkeitsgrad: Bei ausreichendem Licht auch für Anfänger geeignet. Die wohl haltbarste riffbildende Steinkoralle. Benötigt sauberes, mäßig bewegtes Wasser und ausreichend Licht. Bildet nur tagsüber die großen weißen bis bräunlichen Blasen. Nachts 10 bis in Einzelfällen 15 cm lange Tentakeln, die stark nesseln können. Muß daher mindestens 20 cm von anderen festsitzenden Blumentieren entfernt plaziert werden. Enthält im Gewebe symbiotische Algen, die sich bei viel Licht rasch vermehren und den ursprünglich weißen Blasen eine beige bis bräunliche Färbung verleihen.
Fütterung	Mit feinstem tierischen Ersatzplankton, oft keine Fütterung nötig.
Vergesellschaftung	Mit allen Planktonfiltrierern, wie Schwämme, festsitzende Blumentiere, Röhrenwürmer, Muscheln, Manteltiere, Garnelen der Gattungen *Stenopus, Hippolysmata, Periclimenes*, kleine Einsiedler um 2 cm Größe, harmlose Seesterne, algenfressende Seeigel, Schlangensterne und Kleinfische wie bei Schwämmen. Auf keinen Fall vergesellschaften mit allen größeren „Korallenfischen", außer mit Doktorfischen. Keine räuberischen Schnecken und Seesterne. Keine Großkrebse und keine Garnelen der Gattung *Rhynchocinetes*. Typische Freßfeinde sind verschiedene Eischnecken und noch nicht näher bekannte, kleine Gehäuseschnecken sowie Nacktkiemer.
Besonderheiten	Bei schlechten Wasserbedingungen, zu wenig Licht kann sich der gesamte Korallenpolyp vom Kalkskelett lösen, ohne jedoch sofort abzusterben. Der abgelöste Polyp bildet kein neues Skelett, sondern treibt im Wasser umher, bis er nach einigen Tagen oder Wochen abstirbt. Kann manchmal von parasitierenden oder kommensalischen Strudelwürmern befallen werden.

ANTHOZOA (BLUMENTIERE), ALCYONACEA (LEDERKORALLEN)

Name	**TROGLEDERKORALLE** *Sarcophyton trocheliophorum* (Marenzeller)
Heimat	Weit verbreitet in Korallenriffen des Indo-Pazifik vom Flachwasser bis ca. 15 m Wassertiefe. Sehr unterschiedliche Wuchsformen auf abgestorbenem Riffgestein. Wird aus Ostafrika, Sri Lanka, Singapur, Indonesien, Philippinen importiert.
Größe	Aquarienexemplare von 5 bis ca. 15 cm Durchmesser, in der Natur über 1 m.
Haltung	• Temperatur: 20 bis 26 °C, möglichst nicht über 28 °C. • Licht: Mindestens 3 Leuchtstoffröhren, besser 5 oder HQI. • Schwierigkeitsgrad: Anfänger mit 1 bis 2 Jahren Praxis. Gesund erworbene Tierstöcke sind sehr einfach zu pflegen, falls für ausreichend Licht gesorgt wird. Haltung sonst wie Röhrenkoralle. Besitzt symbiotische Algen Zooxanthellae, die für Ernährung und Wachstum der Tierkolonie wichtig sind. Tierstöcke allseits vom Wasser umflutet unterbringen, nicht im oder auf dem Bodengrund plazieren, da diese sonst leicht verfaulen.
Fütterung	Nur tierisches Plankton gefriergetrocknet oder tiefgefroren sowie Ersatzplankton aus tierischen Futterstoffen.
Vergesellschaftung	Mit allen Tieren wie bei Schwämmen. Garnelen stören manchmal, besonders bei Fütterung. Nicht zu vergesellschaften mit großen Kaiserfischen, Falterfischen, Drückerfischen, Kugel- und Kofferfischen und großen Lippfischen. Natürliche Freßfeinde, die manchmal mit ins Aquarium geschleppt werden, sind: Krabben, Eischnecken (Ovulidae), Nacktkiemer- und andere räuberische Meeresschnecken.
Besonderheiten	Kann bei guten Wasser- und Lichtverhältnissen im Aquarium vermehrt werden. Dazu schneidet man Teile der Tierkolonie ab und bindet sie mit Nylonangelschnur auf sauberem Korallenkalk fest. Viele verwandte Arten aus den Gattungen *Sarcophyton* und *Sinularia*.

ANTHOZOA (BLUMENTIERE), SCLERACTINIA (STEINKORALLEN)

Name	**GELBE KELCHKORALLE** *Tubastrea coccinea* (Ehrenberg), *Tubastrea aurea Milne* (Edwards & Haime)
Heimat	Nicht riffbildende Steinkoralle des trop. Indo-Pazifik. Siedelt bevorzugt an strömungsreichen Stellen an Überhängen und lichtschwachen Zonen des Außenriffs. Häufig importiert aus Indonesien, Singapur und, seltener, aus Sri Lanka.
Größe	Ca. 10 bis 15 cm Durchmesser, selten größer.
Haltung	• Temperatur: 20 bis 24 °C, leidet schon ab 26 °C und stirbt. • Licht: Möglichst ohne Licht. • Schwierigkeitsgrad: Nur für Fortgeschrittene mit größerer Praxis und Spezialisten. Wie bunte Weichkorallen und Hornkorallen. Stellt hohe Ansprüche an Wasserqualität und -bewegung. Möglichst wenig Licht, Fadenalgen tödlich. Fütterung nur bei geöffneter Kolonie. Polypen sollten täglich ernährt werden. Tierstöcke nur an schattigen Stellen plazieren, wo zumindest zeitweise starke Wasserbewegung herrscht.
Fütterung	Gezielt wie bei Anemonen, aber kleinere Futterbröckchen.
Vergesellschaftung	Mit Fischen und Wirbellosen Tieren wie bei Weich- und Hornkorallen. Wenig Fische und keine Krebstiere, keine Raubschnecken und räuberische Seesterne.
Besonderheiten	Unter besten Wasserbedingungen vermehrt sich die Gelbe Kelchkoralle über die Entwicklung freischwimmender Planula-Larven. Diese schwimmen 2 bis 4 Tage im Aquarium und setzen sich dann an dunklen Standorten mit regelmäßig starker Wasserbewegung fest. Nach Monaten entwickeln sich winzige, ca. linsengroße Steinkorallenpolypen. Das Muttertier stirbt nach Freisetzung der Larven oft ab.

ANTHOZOA (BLUMENTIERE), ALCYONCEA (LEDERKORALLEN)

Name	**TASSENLEDERKORALLE, PILZLEDERKORALLE** *Sarcophyton glaucum* (Quoi & Gaimard)
Heimat	Indopazifischer Ozean, Rotes Meer, in 2 – 20 m Tiefe
Größe	10 – 15 cm ⌀
Haltung	• Temperatur 23 – 28 °C. • Licht: Mittel- bis Sonnenlichtzone. • Schwierigkeitsgrad: Für Anfänger geeignet. Sauberes, nitrat- und phosphatarmes Wasser ist jedoch erforderlich.
Fütterung	Mit Pipette Flüssigfutter, Artemia, zerriebene TetraTips (aufgeschwemmt) gezielt füttern.
Vergesellschaftung	Kolonietier; mit kleineren Fischen und Garnelen gut zu vergesellschaften; nicht gut mit nesselnden Anemonen und Zylinderrosen.
Besonderheiten	Durch Seitensprosse am Fuß können sich Tochtertiere abtrennen. Bei guter Pflege vermehrt sich die Kolonie im Aquarium so regelmäßig. Bei der Eingewöhnung ist mit HQI-Licht Vorsicht geboten. Die Tiere erst nach und nach dem vollen Licht aussetzen.

Anthozoa (Blumentiere), Gorgonacea (Hornkorallen)

Name	**HORNKORALLE, GORGONIE, VERNETZTE ARTEN AUCH SEEFÄCHER** *Paramuricea elavata*
Heimat	Hornkorallen leben in allen Meeren; besonders häufig in warmen. Die *Paramuricea*-Art stammt aus dem Indo-Pazifik (Indonesien). Siedeln vorwiegend an strömungsreichen Stellen im Riff. Werden aus Sri Lanka, Singapur, Indonesien und den Philippinen importiert.
Größe	Aquarienexemplare meist um 10 bis 20 cm. In der Natur bis 3 m.
Haltung	• Temperatur: 20 bis 24 °C, möglichst keine höheren T. • Licht: Dämmerungsliebend, nur karibische Arten vertragen Licht. • Schwierigkeitsgrad: Für Fortgeschrittene mit größerer Praxis und Spezialisten. Nur die wenig verzweigten Arten über einen längeren Zeitraum haltbar. Pflegeaufwendig wie bunte Weichkorallen. Fadenalgenwuchs auf die Dauer tödlich. Benötigen starke Wasserbewegung und gezielte Fütterung mit tierischem Plankton. Sonst wie bunte Weichkorallen unterbringen.
Fütterung	Gezielt mit tierischem Plankton. Feinstes Ersatzplankton ohne pflanzliche Zusätze.
Vergesellschaftung	Wie bunte Weichkorallen. Freßfeinde wie bunte Weichkorallen.
Besonderheiten	Häufig mit kommensalischen Schlangensternen und parasitierenden Schnecken, manchmal mit umwachsenen Seepocken.

ANTHOZOA (BLUMENTIERE), SEEANEMONEN, ACTINIARIA (AKTINIEN)

Name	**KNUBBELANEMONE, BLASENANEMONE** *Entacmaea quadricolor* (Rüppel & Leuckhardt)
Heimat	Indopazifischer Ozean, Rotes Meer
Größe	⌀ ca. 50 cm
Haltung	• Temperatur: 22 – 26 °C. • Licht: Mittel- bis Sonnenlichtzone, HQI und Blaulichtröhre. • Schwierigkeitsgrad: Nicht für Anfänger geeignet. Diese Anemone benötigt sehr sauberes, nitrat- und phosphatarmes Wasser. Aquariengröße für ein Tier 80 cm, für 2 – 3 Tiere 120 cm; Felsaufbauten mit tiefen, breiten Spalten über Sandboden.
Fütterung	Krebs-, Fisch- und Muschelfleisch.
Vergesellschaftung	Es kommen mehrere Tiere nebeneinander vor. Vergesellschaftung mit allen friedlichen Arten, insbesondere mit Anemonenfischen.
Besonderheiten	An den typischen Verdickungen der Tentakel-Spitzen ist diese Anemone leicht zu identifizieren. Getrennt geschlechtliche Art.

Anthozoa (Blumentiere), Seeanemonen, Actiniaria (Aktinien)

Name	**GLASPERLEN-ANEMONE** *Heteractis aurora* (Klunzinger)
Heimat	Korallenriffe des Indo-Pazifik, vor allem in sand- oder geröllgefüllten Senken. Oft in Symbiose mit Riffbarschen der Gattungen *Amphiprion* und *Premnas*. Sehr oft mit Garnelen *Periclimenes* und Porzellankrabben *Petrolisthes*. Importiert aus Sri Lanka und Singapur.
Größe	10 bis 30 cm, selten größer.
Haltung	• Temperatur: 20 bis 24 °C, Mittelmeeraktinien unter 20 °C. • Licht: Für Symbiose-Anemonen mindestens 3 Röhren oder HQI; für die meisten anderen Aktinien spielt Licht keine große Rolle. • Schwierigkeitsgrad: Die meisten Aktinien sind ausgesprochene Anfängertiere. Besonders die Mittelmeerarten sind leicht zu halten. Symbiose-Anemonen für Anfänger ab 1 bis 2 Jahren Praxis. Symbioseanemonen sind allgemein nicht ganz einfach zu pflegen, vor allem, wenn mit *Amphiprion* zusammen. Der Anfänger möge mit subtropischen Anemonen, etwa aus dem Mittelmeer, beginnen. Es bieten sich an: Purpurrose, Wachsrose, Edelsteinrose, Sonnenrose und Glasrose. Sehr haltbar aus der Karibischen See *Condylactis gigantea*. Symbiose-Anemonen sollten nicht mit anderen Blumentieren zusammen gepflegt werden. Der Anfänger pflege sie vorerst ohne Fische. Alle Anemonen lieben eine kräftige, zeitweise auch sehr starke Wasserbewegung.
Fütterung	Erbsen- bis haselnußgroße Bröckchen Muschel-, Fisch- und Krebsfleisch frisch, tiefgefroren oder gefriergetrocknet, auch TetraTips.
Vergesellschaftung	Mit Kleinfischen wie bei Schwämmen angegeben, jedoch keine langsamen Fische wie Seenadeln, Seepferdchen, Mandarinfische u.ä. Sonst mit Muscheln, Röhrenwürmern, kleineren, nicht zu robusten, aber auch nicht zu zarten Krebstieren, Seeigel, Seesterne, Schlangensterne. Auf keinen Fall zusammen halten mit: Falterfischen, Kaiserfischen, Drückerfischen und Verwandten oder großen Lippfischen. Keine großen Krabben, Hummer, Langusten hinzusetzen. Freßfeinde sind vor allem verschiedene Nacktkiemerschnecken und auch große räuberische Seesterne.
Besonderheiten	Symbiose-Anemonen, Wachsrosen und verschiedene Karibikanemonen (Florida-Anemone) enthalten im Gewebe symbiotische Algen. Purpurrosen und andere lebhaft gefärbte Aktinien enthalten UV-Schutzstoffe, die im Aquarium ausbleichen.

Anthozoa (Blumentiere), Seeanemonen, Actiniaria (Aktinien)

Name	**LEDERANEMONE** *Heteractis crispa* (Ehrenberg)
Heimat	Vom Roten Meer, Indik bis zum westlichen Pazifik
Größe	⌀ ca. 30 cm
Haltung	• Temperatur 22 – 28 °C. • Licht: HQI mit einer Blaulichtröhre. • Schwierigkeitsgrad: Sie ist eine der haltbarsten Anemonen. Für ein Tier mit einem Paar Anemonenfische genügt eine Aquariumgröße von 80 cm. Riffaquarium mit Sand- oder Geröllboden; die Art heftet sich jedoch auch an Steine.
Fütterung	Artemia, Fisch- und Muschelfleisch, Tintenfisch und anderes Gefrierfutter. Gezielt mit Futterstab ernähren!
Vergesellschaftung	Es können mehrere Anemonen der gleichen Art oder auch mit anderen Wirtsanemonen zusammen gehalten werden. Diese Anemone ist gut für die Aufzucht von Anemonenfischen geeignet. Nicht mit Zylinderrosen und größeren Krebsen halten.
Besonderheiten	Die Art ist sehr unterschiedlich in der Färbung. Neben weißen Tieren gibt es auch rosa, violette, braune und grünliche. Die Färbung hängt von den eingelagerten Zooxanthellen ab. Bei zu wenig Licht verblassen die Tentakeln, das Tier wächst bei guter Fütterung dennoch weiter.

Anthozoa (Blumentiere), Seeanemonen, Actiniaria (Aktinien)

Die Färbung der Lederanemone hängt von den eingelagerten Zooxanthellen ab.

ANTHOZOA (BLUMENTIERE), SEEANEMONEN, ACTINIARIA (AKTINIEN)

Name	**PRACHTANEMONE** (früher oft als *Radianthus ritteri* bezeichnet) *Heteractis magnifica* (Quoi & Gaimard)
Heimat	Gesamter Indopazifik vom Roten Meer bis Samoa; nicht Hawaii.
Größe	Bis 1 m ⌀; oft in Gruppen, so daß man im Riff kaum erkennen kann, ob es sich um ein oder mehrere Tiere handelt.
Haltung	• Temperatur: 21 – 27 °C. • Licht: Mittellichtzone; 3 – 4 Leuchtstoffröhren oder 70 W HQI auf 40 – 50 cm Wasserhöhe. • Schwierigkeitsgrad: Recht gut haltbare, auch für Anfänger geeignete Art. Riffaquarium mit Felsaufbauten; die Tiere wandern zu dem ihnen vom Licht her am besten zusagenden Platz; Aquariengröße 100 cm.
Fütterung	Mysis, Fisch-, Muschelfleisch in hasel- bis walnußgroßen Brocken. Gezielt füttern, pro Woche 2 – 3 mal.
Vergesellschaftung	Wegen der Größe im Aquarium nur ein Tier halten – am besten mit Anemonenfischen. Doktorfische, Riffbarsche, Grundeln und andere kleine Fische sind gute Gesellschafter.
Besonderheiten	Die beliebteste Wirtsanemone für die Aufzucht von *Amphiprion*. Die Anemone braucht nicht unbedingt Bodengrund, sondern heftet sich auch an Boden- und Seitenscheiben, weshalb sie für das Zuchtbecken besonders geeignet ist. Die Anemone ist am braunen oder violetten Fuß leicht zu erkennen. Tentakelspitzen stets gelblich.

Anthozoa (Blumentiere), Seeanemonen, Actiniaria (Aktinien)

Name	**HADDONS ANEMONE, TEPPICHANEMONE** *Stichodactyla haddoni* (Saville-Kent)
Heimat	Indopazifik; Rotes Meer bis zu den Fidji-Inseln
Größe	⌀ 75 cm in der Natur. In einem 2-Meter-Becken durchaus über 50 cm ⌀.
Haltung	• Temperatur: 22 – 26 °C. • Licht: Sonnenlichtzone (HQI!). • Schwierigkeitsgrad: Nach Überwindung der Eingewöhnungsphase sehr gut haltbar. Die Anemone ist sehr anpassungsfähig. Bei schlechten Wasserbedingungen schrumpft sie zusammen; wächst aber wieder, sobald die Verhältnisse (z.B. durch Wasserwechsel) verbessert werden. Riffaquarium mit Felsspalten und tiefgründigem Bodengrund (10 – 12 cm).
Fütterung	Krabben roh, evtl. mit Schale, Muschel- oder Fischfleisch. Ein Tier frißt ein handgroßes Stück Fisch pro Woche!
Vergesellschaftung	Einzelhaltung mit einem Paar *Amphiprion frenatus* oder *Premnas biaculeatus*. Sonst nur mit anderen friedlichen Tieren.
Besonderheiten	Die Anemone nesselt stark, so daß die Haut daran kleben bleibt. Vernesselte Stellen brennen aber nicht. Die Art ist anscheinend nicht so nitrat- und phosphatempfindlich wie andere Anemonen. Phosphat wird noch über 3 mg/l vertragen.

Anthozoa (Blumentiere), Ceriantharia (Zylinderrosen)

Name	**ZYLINDERROSE** *Pachycerianthus maua* (Carlgren)
Heimat	Zylinderrosen leben kosmopolitisch in allen Meeren. Besonders farbprächtig die Arten subtropisch-tropischer Meere. Finden sich auf Schlammsand-, Feinsand- und mäßig groben Geröllböden in selbstverfertigten Schleimröhren. *P. maua* wie andere Arten aus dem tropischen Indo-Pazifik.
Größe	Im Aquarium meist um 20 cm Körperlänge in bis 40 cm langen Schläuchen.
Haltung	• Temperatur: Trop. Arten 20 bis 24 °C, subtropische unter 20 °C. • Licht: Keine besonderen Bedürfnisse, 1 blaustichige Röhre reicht aus. • Schwierigkeitsgrad: Für Anfänger sehr gut geeignet. Zylinderrosen leben im Aquarium nachweislich 30 Jahre und länger. Ein Becken nur mit Zylinderrosen bietet einen besonderen Reiz. Mäßige Wasserbewegung und nicht zu viel Licht lassen die Tiere auch tagsüber völlig geöffnet stehen. Benötigen mindestens 10 cm hohen, mäßig feinen Bodengrund, am besten in Terrassenform. Schwache Bodengrunddurchflutung von unten nach oben angebracht. Achtung: Bodengrund nicht zu stark durchfluten, da sonst die Tiere ihre Wohnröhren verlassen. Das gleiche passiert bei zu stark verschmutztem Bodengrund, daher öfter einmal leicht und vorsichtig umrühren. Keine direkte Durchlüftung im Aquarium, da Gefahr der „Luftembolie" im Magen(Gastral)raum.
Fütterung	Tiefgefrorenes oder gefriergetrocknetes tierisches Plankton bis zur Größe von *Mysis* und Meerflohkrebsen. Fein zerteiltes Muschel-, Fisch- und Krebsfleisch. Achtung! Keine groben Futterbrocken reichen. Sie werden zwar gefressen, jedoch verkürzen die Zylinderrosen ihre langen Fangarme dann früher oder später.
Vergesellschaftung	Zylinderrosen in größerer Zahl (über 5) sollten ohne andere Blumentiere, insbesondere ohne die oft wandernden Aktinien gehalten werden. Auf keinen Fall mit festgewachsenen Blumentieren, da letztere meist schnell vernesselt werden und sterben. Da die Tiere nicht aus dem Riff stammen, möglichst ohne Fische oder höchstens mit Riffbarschen zusammen pflegen. Fast alle Fische reagieren sehr empfindlich mit Kiemenzerstörung auf das starke Nesselgift, wenn mehr als 3 bis 4 Zylinderrosen in einem 300-l-Aquarium gepflegt werden. Keine Großkrebse, wie Krabben, Langusten, Hummer oder große Einsiedler sowie Raubschnecken und räuberische Seesterne, dazu setzen. Kleinkrabben und robustere Garnelen wie *St. hispidus* sind geeignet, außerdem kleine Einsiedler um 2 cm Größe und Schlangensterne. Ebenso sind Röhrenwürmer und Schwämme geeignet.
Besonderheiten	Tropische Arten nicht mit Mittelmeerarten zusammen pflegen, da sie sich gegenseitig vernesseln. Nachzucht über Planula-Larven bei einigen Arten geglückt.

Anthozoa (Blumentiere), Corallimorpharia (Korallenanemonen)

Name	**SCHEIBENANEMONE, TELLERANEMONE** *Discosoma spec., Actinodiscus*
Heimat	Die Scheibenanemonen *Discosomatidae* kommen in allen tropischen Meeren vor, besonders häufig Indo-Pazifik, Rotes Meer, Karibik. Siedeln einzeln oder in Gruppen auf abgestorbenem Riffgestein in Zonen mit mäßiger und nur zeitweise starker Wasserbewegung.
Größe	Einzeltiere von 3 bis ca. 10 cm Durchmesser, im Aquarium oft größer.
Haltung	• Temperatur: 20 bis 26 °C, sterben bei T. über 30 °C ab. • Licht: Mindestens 3, besser bis 5 Leuchtstoffröhren oder HQI. • Schwierigkeitsgrad: Bei ausreichendem Licht schon für Anfänger geeignet; eines der haltbarsten Korallentiere für sogenannte Riffaquarien. Alle Scheibenanemonen sind sehr gut zu halten, wenn sie ausreichend beleuchtet werden. Vermehren sich oft durch Querteilung oder Abschnürung von der Fußscheibe. Lösen sich nur bei nicht zusagenden Wasserverhältnissen vom Substrat, sonst stationär. Wachsen im Aquarium bei guten Lichtverhältnissen rasch um das Drei- bis Vierfache ihrer ursprünglichen Größe. Alle bisher bekannten Arten mit Zooxanthellen. Die Leuchtfärbung wird meist von UV-Schutzstoffen hervorgerufen. Die Tierstöcke sollten möglichst allseitig leicht von Wasser umspült werden.
Fütterung	Mit feinstem tierischen Ersatzplankton, oft keine Fütterung nötig.
Vergesellschaftung	Mit allen Planktonfiltrierern, wie Schwämme, festsitzende Blumentiere, Röhrenwürmer, Muscheln, Manteltiere, Garnelen der Gattungen *Stenopus, Hippolysmata, Periclimenes*, kleine Einsiedler um 2 cm Größe, harmlose Seesterne, algenfressende Seeigel, Schlangensterne und Kleinfische wie bei Schwämmen. Auf keinen Fall vergesellschaften mit allen größeren „Korallenfischen", außer mit Doktorfischen. Keine räuberischen Schnecken und Seesterne. Keine Großkrebse und keine Garnelen der Gattung *Rhynchocinetes*. Typische Freßfeinde sind verschiedene Eischnecken und noch nicht näher bekannte, kleine Gehäuseschnecken sowie Nacktkiemer.
Besonderheiten	Wächst im Aquarium sehr rasch und sollte daher in einem Sicherheitsabstand von ca. 10 cm zu anderen Korallentieren untergebracht werden. Manche Arten wie die im Bild leuchten bei Bestrahlung mit langwelligem Licht fluoreszierend auf. Manchmal sind parasitierende oder kommensalische Strudelwürmer *Turbellaria*, sogenannte Planarien, auf den Tierstöcken beobachtet worden.

Anthozoa (Blumentiere), Corallimorpharia (Korallenanemonen)

Name	**GROSSES ELEFANTENOHR** (früher *Rhodactis sp.*) *Amplexidiscus fenestrafer* (Dunn & Hamner)
Heimat	Indopazifik
Größe	10 – 15 cm in der Natur, im Aquarium bis ca. 50 cm ⌀!
Haltung	• Temperatur 22 – 26 °C. • Licht: Mittel- bis Sonnenlichtzone. • Schwierigkeitsgrad: Bei guter Wasserpflege im Aquarium leicht haltbar. Mindestgröße des Aquariums 100cm.
Fütterung	Krebs-, Muschel- und Fischfleisch in kleinen, erbsengroßen Bröckchen. Gezielt mit Futterrohr alle 2 – 3 Tage füttern.
Vergesellschaftung	Meist stehen mehrere Tiere nebeneinander. Vergesellschaftung mit Fischen und Krebsen problematisch (s. u.).
Besonderheiten	Größere Tiere betätigen sich als Räuber: Die Mundscheibe wird halbkugelförmig aufgefaltet. Sobald sich ein Fisch in dieser Höhlung verkriechen will, schnappt die tödliche Falle zu. Selbst größere Fische und Krebse werden so betäubt und außerhalb des Magens verdaut. Anemonenfische sind jedoch geduldet. Vermehrung durch Längsteilung.

Anthozoa (Blumentiere), Zoanthiniaria (Krustenanemonen)

Name	**GRÜNE KRUSTENANEMONE** *Zoanthus sociatus* (Lesueur)
Heimat	Koloniebildende Krustenanemonen finden sich in allen Meeren, bevorzugt in warmen. Siedlungssubstrat sind je nach Art Schwämme, Hornkorallen, totes Korallengeäst und Riffgestein. Viele verschiedene Arten aus Indo-Pazifik und Karibik. *Zoanthus sociatus* aus Karibik.
Größe	Koloniegröße von wenigen cm bis mehreren Dezimetern im ⌀.
Haltung	• Temperatur: 20 bis 26 °C, möglichst nicht höher. • Licht: Tropische Arten mindestens drei Leuchtstoffröhren oder HQI. • Schwierigkeitsgrad: Für Anfänger gut geeignet, solange keine Fadenalgen im Aquarium. Tropische Kurstenanemonen benötigen viel Licht, da sie wie viele Flachwasserblumentiere auch symbiotische Algen im Gewebe besitzen. Pflege sehr einfach und wenig aufwendig, solange keine Fadenalgen im Becken. Viele Arten, besonders aus den Gattungen *Zoanthus* und *Palythoa* nehmen kein tierisches Plankton mehr auf, sondern ernähren sich aus den Stoffwechselprodukten ihrer Zooxanthellen.
Fütterung	Feinstes tierisches Plankton oder Ersatzplankton, größere Arten auch gezielt mit *Mysis* und ähnlich kleinen Futterbröckchen.
Vergesellschaftung	Wie bei Scheibenanemonen. Typische Freßfeinde, die oft nur schwer zu erkennen sind, bilden kleine, meist schwarz-weiß gebänderte Gehäuseschnecken von ca. 1 cm Durchmesser. Krustenanemonen sollten daher immer wieder einmal auch mit einer Briefmarkenlupe durchgemustert werden. Die Schnecken „stechen" die Krustenanemonen an und saugen sie leer.
Besonderheiten	Einige Arten vermehren sich sehr gut im Aquarium und knospen von der Fußscheibe kleine Sekundärpolypen ab.

Sabellidae (Fächerwürmer)

Der Kalkröhrenwurm *Serpula vermicularis*.

POLYCHAETA (VIERBORSTIGE MEERESWÜRMER), SABELLIDAE (FÄCHERWÜRMER)

Name	**FÄCHERWURM, PFAUENFEDERWURM, ALLGEM. RÖHRENWURM** *Sabellastarte magnifica* (Shaw)
Heimat	Wahrscheinlich kosmopolitisch in allen warmen Meeren, eventuell identisch mit *Sabellastarte indica* (Savigny). Zwischen toten und lebenden Steinkorallen, auf Riffgestein, seltener im Sand, im Flachwasser von ca. 2 bis ca. 15 m Tiefe. Importiert: Karibik und Indo-Pazifik.
Größe	Kronendurchmesser 5 bis ca. 8 cm, Länge um 15 cm.
Haltung	• Temperatur: 20 bis 24 °C, wirft bei T. über 28 °C leicht die Krone ab. • Licht: Keine besonderen Ansprüche. • Schwierigkeitsgrad: Bei richtiger Vergesellschaftung für Anfänger geeignet. Sehr haltbarer und ausdauernder Röhrenwurm in verschiedenen Färbungen, meist braun bis violett und weiß gebändert oder gesprenkelt, einfarbige Exemplare selten. Sollte im Aquarium an Stellen mit schwach bis mäßig starker Wasserbewegung plaziert werden. Kann in der Dekoration oder im Bodengrund verankert werden. Befestigt sich rasch selbst durch Neubildung der weichen Röhre. Zieht sich bei Belästigung blitzartig in seine selbstgebaute Röhre zurück. Ideal für sogenannte Riffaquarien.
Fütterung	Feinstes tierisches und pflanzliches Ersatzplankton, Hefe, MikroMin, *Artemia*.
Vergesellschaftung	Vor allem mit weiteren Filtrierern, wie bei Schwämmen angegeben. Gut geeignet auch für Seeanemonen und Zylinderrosen. Nur Kleinfische hinzusetzen wie bei Schwämmen. Keine üblichen Korallenfische, keine Raubschnecken, räuberische Seesterne oder Großkrebse. Garnelen und kleine Einsiedlerkrebse geeignet, wobei letztere manchmal die weiche Röhre annagen, falls diese veraltet ist. Das gilt auch für manche Seeigel. Empfehlenswert Schlangensterne und Seegurken. Typische Freßfeinde sind neben Seesternen kleine, unbekannte Gehäuseschnecken, welche durch die Röhre „hindurchstechen" und den Wurm fressen.
Besonderheiten	Alle Arten von Röhrenwürmern mit weicher Hülle werfen aus noch nicht näher bekannten Gründen hin und wieder die Fiederkrone ab. Dies gilt vor allem bei ständiger Belästigung durch Mitbewohner, Dichteschwankungen und falscher Plazierung, z.B. ständig zu starke Wasserbewegung. Einige Arten haben sich im Aquarium über freischwimmende Larven vermehrt.

SERPULIDAE (VIELBORSTIGE MEERESWÜRMER, KALKRÖHRENWÜRMER)

Name	**BUNTER KALKRÖHRENWURM** *Spirobranchus giganteus* (Pallas)
Heimat	Wahrscheinlich weltweit in allen tropischen Meeren. Immer auf lebenden Steinkorallen, meist *Porites*-Arten oder Feuerkorallen *Millepora*. Regelmäßig von Korallenkalk umwachsen. Vom Flachwasser bis ca. 15 m Tiefe. Hauptexportgebiet: Indonesien.
Größe	Die sehr bunte doppelspiralige Fiederkrone hat ca. 2 bis 3 cm im Durchmesser.
Haltung	• Temperatur: 20 bis 24 °C, möglichst nicht über 28 °C. • Licht: Kann sehr hell unter HQI stehen, ansonsten keine besonderen Ansprüche. • Schwierigkeitsgrad: Für Fortgeschrittene ab einjähriger Praxis. Wenn vor Veralgung und Freßfeinden geschützt, sehr haltbar und ausdauernd. Besonders langlebig, wenn die Steinkoralle noch Polypengewebe aufweist, das sich unter HQI gut regeneriert. Plazierung in der Dekoration allseitig mäßig von Wasser umströmt. Möglichst nicht der Luft aussetzen, da diese aus den stark gewundenen Kalkröhren kaum noch zu entfernen ist. Die bunten Würmer sterben dann ab.
Fütterung	Feinstes tierisches und pflanzliches Ersatzplankton wie bei Röhrenwürmern allgemein.
Vergesellschaftung	Wie bei Röhrenwürmern Sabellidae, aber keine Garnelen und spitzscherigen Dreieckskrabben. Typische Freßfeinde sind Lippfische aller Art, auch sonst harmlose, kleinbleibende Formen. Selbst der Putzerlippfisch *Labroides dimidiatus* versucht im Aquarium, die Röhrenwürmer aus ihrem Kalkgehäuse zu ziehen.
Besonderheiten	Die bunten Kalkröhrenwürmer gehören zu den farbprächtigsten Wirbellosen im sogenannten Riffaquarium. Sie schützen sich mittels eines Kalkdeckelchens, Operculum, das die Röhrenöffnung völlig verschließt. Dennoch viele Freßfeinde, so daß auf ausgewählte Tierzusammensetzung geachtet werden muß.

CRUSTACEA DECAPODA (ZEHNFUSSKREBSE), NATANTIA (GARNELEN)

Name	**ORANGERÜCKEN-PUTZERGARNELE, WEISSBANDPUTZERGARNELE** *Lysmata amboiensis*
Heimat	Zirkumtropisch in den Riffen des Indo-Pazifik und der Karibik. Lebt einzeln oder in größeren Gruppen in Höhlen ab ca. 5 m Wassertief.
Größe	Einschließlich Rostrum ca. 6 cm.
Haltung	• Temperatur: 20 bis 24 °C, Temperaturen über 28 °C vermeiden. • Licht: Anfangs dämmerungs- und nachtaktiv, sonst keine besond. Ansprüche. • Schwierigkeitsgrad: Für Anfänger ab 1 Jahr Praxis, wenn auf richtige Vergesellschaftung geachtet wird. Sehr einfach zu pflegende Garnele, wenn sauberes sauerstoffreiches Wasser vorhanden und größere Dichteschwankungen vermieden werden. Kann in größerer Stückzahl gepflegt werden, da gern gesellig. Obwohl Zwitter, bilden sich im Aquarium bald Pärchen, die zusammen eine Putzstation besetzen. Gern unter Korallenüberhängen mit dem Rücken nach unten. Putzt auch kleine Korallenfische von Riffbarschgröße. Sonst guter Restevertilger, der alle Futterstoffe im Becken aufspürt. Sehr gut für sogenannte Riffaquarien. Sonst wie *Stenopus hispidus*.
Fütterung	Alle tierischen Futterstoffe, auch Flockenfutter und TetraTips.
Vergesellschaftung	Mit fast allen Korallenfischen. Wird nur aus Versehen von Rotfeuerfischen, Zakkenbarschen, Kardinalbarschen, Korallenwächtern und Soldatenfischen gefressen. Lippfische attackieren laichreife Weibchen. Kleine *L. amboinensis* nicht mit großen *St. hispidus* oder anderen Großkrebsen. Sonst wie *St. hispidus*. Nicht zu Zylinderrosen oder stark nesselnden Anemonen setzen, kann gefressen werden.
Besonderheiten	*L. amboinensis* laichen im Aquarium regelmäßig ab. Die Larven wurden in geringer Zahl schon aufgezogen. Zu gewissen Jahreszeiten viele *L. amboinensis* mit parasitierenden Asseln. Werden nicht unbedingt getötet, sehen aber wegen Ausbuckelung des Kopfbrustpanzers unschön aus. Verwandte Arten sind: *Hippolysmata wurdemanni* aus der Karibik, *Lysmata seticaudata* Mittelmeer und Atlantik.

Crustacea Decapoda (Zehnfußkrebse), Natantia (Garnelen)

Name	**KARDINALSGARNELE** *Lysmata debelius*
Heimat	Korallenriffe des Indo-Pazifik; Philippinen, Indonesien, Sri Lanka und Malediven. Tropische Felsküsten und Korallenriffe beherbergen noch eine große Zahl bisher unbekannter Garnelen. Bei den vielen Importen finden sich immer wieder neue Arten.
Größe	Ca. 5 cm
Haltung	• Temperatur: 20 bis 24 °C, möglichst nicht höher. • Licht: Liebt Dämmerung und Dunkelheit, meidet auch nach Eingewöhnung zu starkes Licht. • Schwierigkeitsgrad: Nicht schwieriger als *L. amboinensis*, wenn die dort beschriebenen Bedingungen erfüllt werden. Für Anfänger ab 1 Jahr Praxis. Gerade unbekannte Garnelen sind für den Krebstierfreund wahre „Leckerbissen". Oft steht noch eine wissenschaftliche Beschreibung aus, so daß hier auch vom Aquarianer noch Pionierarbeit geleistet werden kann. Subtropisch-tropische Garnelen stellen in etwa alle die gleichen Ansprüche wie die bekannten Arten *St. hispidus* und *L. amboinensis*. Alle Garnelen sind eingehender Beobachtung wert. Die vorgestellte Art kommt in Tiefen ab 20 m vor und wird im Winter zu Speisezwecken gefangen. Ideal für Einzelhaltung mit wenigen kleinen Fischen in Becken von 50 bis ca. 100 l Inhalt.
Fütterung	Nimmt alle tierischen Futter, auch Flocken und TetraTips.
Vergesellschaftung	Nur bedingt für das Riffaquarium mit Blumentieren und Planktonfiltrierern geeignet. Guter Restvertilger in kleineren Meeresaquarien um 100 l mit kleinen Fischen. Übergriffe auf Seeigel, Seesterne und Schlangensterne bisher nicht beobachtet, aber nicht auszuschließen. Sehr gut für andere Kleinkrebse wie kleine Krabben, Einsiedler und andere Garnelen.

Crustacea Decapoda (Zehnfusskrebse), Natantia (Garnelen)

Name	**IMPERATOR-GARNELE** *Periclimenes imperator* Bruce, 1967
Heimat	Indopazifischer Raum bis zum Roten Meer
Größe	2 – 3 cm
Haltung	• Temperatur 22 – 28 °C. • Licht: Mittel- bis Dämmerlicht. • Schwierigkeitsgrad: Nicht für Anfänger geeignet. Die Garnele selbst ist gut haltbar, aber ihr Wirtstier meist nicht. Man sollte nur solche Tiere erwerben, die futterfest sind. Unbedingt Versteckmöglichkeiten bieten; je nach Wirtstier Aquariumgröße von 60 – 200 cm.
Fütterung	Die Garnele lebt hauptsächlich von Haut- und Schleimabsonderungen des Wirtstieres. Flocken- und Frostfutter werden mangels Wirt im Aquarium angenommen.
Vergesellschaftung	Diese Partnergarnele lebt in der Natur entweder auf Seegurken, Nacktschnecken oder Federsternen; Einzel- oder Paarhaltung. Nur mit zarten Fischen, Scheibenanemonen u. a., wenig nesselnden Tieren vergesellschaften.
Besonderheiten	Die Färbung ist je nach Wirt sehr unterschiedlich.

Crustacea Decapoda (Zehnfußkrebse), Natantia (Garnelen)

Name	**TANZGARNELE, ROSENGARNELE, BUCKELGARNELE** *Rhynchocinetes uritai*
Heimat	Tanzgarnelen leben mit mehreren Arten in den Riffen des tropischen Indo-Pazifik, auch an Felsküsten im wärmeren Atlantik. Fast immer in größeren Gruppen. Nachtaktiv und meist erst ab Tiefen von 5 m. Sehr häufig importierte Garnele aus Indonesien, den Philippinen, Sri Lanka, Singapur.
Größe	Ca. 5 cm
Haltung	• Temperatur: 20 bis 24 °C, möglichst nicht höher. • Licht: Liebt Dämmerung und Dunkelheit, meidet auch nach Eingewöhnung zu starkes Licht. • Schwierigkeitsgrad: Nicht schwieriger als *L. amboinensis,* wenn die dort beschriebenen Bedingungen erfüllt werden. Für Anfänger ab 1 Jahr Praxis. Anfangs sehr scheue und wenig sichtbare Garnele. Weibchen mit kleinen Scheren, Männchen mit stark verlängerten Scherenbeinen und größeren, hakenartig gekrümmten Scherenfingern. Nicht schwer zu pflegen, wenn Ansprüche wie bei *L. amboinensis* erfüllt werden. Kann im Riffaquarium manchmal festsitzende Blumentiere, besonders Steinkorallen wie *Goniopora,* anfressen. Sonst guter Restevertilger. Weibchen können zu mehreren gepflegt werden, Männchen bekämpfen sich, ohne sich jedoch unbedingt zu töten.
Fütterung	Nimmt alle tierischen Futter, auch Flocken und TetraTips.
Vergesellschaftung	Nur bedingt für das Riffaquarium mit Blumentieren und Planktonfiltrierern geeignet. Guter Restvertilger in kleineren Meeresaquarien um 100 l mit kleinen Fischen. Übergriffe auf Seeigel, Seesterne und Schlangensterne bisher nicht beobachtet, aber nicht auszuschließen. Sehr gut für andere Kleinkrebse wie kleine Krabben, Einsiedler und andere Garnelen.
Besonderheiten	Einzige bisher bekannte Garnelenart mit beweglichem Rostrum. Zuchtversuche teilweise erfolgreich.

Crustacea Decapoda (Zehnfußkrebse), Natantia (Garnelen)

Name	**KORALLENGARNELE, GROSSE PUTZERGARNELE** *Stenopus hispidus* (Olivier)
Heimat	Zirkumtropisch in den Korallenriffen des Indo-Pazifik und der Karibischen See. Lebt einzeln oder paarweise streng territorial unter Überhängen, in größeren Spalten und Höhlen vom Flachwasser bis ca. 20 cm Tiefe. Reinigt vor allem größere Riffische von Ektoparasiten.
Größe	Körperlänge einschl. Rostrum bis 8 cm bei etwa gleicher Scherenlänge
Haltung	• Temperatur: 22 bis 24 °C, über 28 °C wegen Sauerstoffmangels vermeiden! • Licht: Anfangs dämmerungs- und nachtaktiv, sonst keine besond. Ansprüche. • Schwierigkeitsgrad: Bei richtiger Vergesellschaftung und Vermeidung von Dichteschwankungen auch für Anfänger geeignet. Sehr haltbare, prächtige Garnele, die in Aquarien nachweislich bis zu 6 Jahren lebt. Nur einzeln oder paarweise pflegen. Benötigt sauberes, gut bewegtes Wasser, Höhlen und Unterstände, in denen sie meist mit dem Rücken nach unten „hängt". Gewöhnt sich schnell an den Pfleger und streift dann auch tagsüber im Aquarium umher. Muß im Riffaquarium nicht extra gefüttert werden, da sie alle tierischen Futterreste aufspürt. Achtung! Reagiert wie alle Krebstiere äußerst empfindlich auf Dichteschwankungen. Häutet sich schlecht in überaltertem Meerwasser, besonders bei zu hohem Nitratwert. Wichtiger Hinweis: Bei Garnelen, aber auch bei Stachelhäutern, sollte der Nitratwert mit TetraTest Nitrat öfter einmal kontrolliert werden. NO_3-Werte möglichst nicht über 10 ppm.
Fütterung	Nimmt alles tierische Futter, auch TetraTips.
Vergesellschaftung	Mit fast allen Korallenfischen. Wird nur „aus Versehen" einmal von Drückerfischen und Verwandten gefressen. Vorsicht, bei laichreifen Weibchen können Lippfische zur Gefahr werden. Guter Restevertilger in Riffaquarien, aber Vorsicht mit ganz kleinen Fischen und Garnelen, die als Beute betrachtet werden. Kann individuell verschieden auch einmal Röhrenwürmer und Riffmuscheln der Gattung *Tridacna* u. a. anfressen. Meist gut geeignet für Aquarien mit Seeanemonen und Zylinderrosen, wobei hin und wieder einmal Tentakelspitzen abgezwackt werden. Keine anderen Großkrebse.
Besonderheiten	Putzergarnelen, paarweise gepflegt, setzen im Aquarium häufig Larven ab. Aufzucht bisher noch nicht gelungen. Einige seltene Verwandte, wie *St. tenuirostris, St. pyrsonotus* und *St. scutellatus,* werden ebenfalls manchmal importiert.

CRUSTACEA DECAPODA (ZEHNFUSSKREBSE), REPTANTIA (PANZERKREBSE)

Name	**DEBELIUS-RIFFHUMMER** *Enoplometopus debelius* Holthuis
Heimat	Dieser Hummer ist ein naher Verwandter des Riffhummers *Anoplometopus occidentalis* (Randall). Wahrscheinlich gesamter tropischer Indo-Pazifik. Hauptexportgebiete Indonesien und Philippinen. Lebt vorwiegend in Korallenriffen ab etwa 5 m Wassertiefe.
Größe	Importierte Exemplare zwischen 4 und ca. 12 cm Körperlänge.
Haltung	• Temperatur: 20 bis 24 °C, verträgt kurzfristig auch über 30 °C. • Licht: Keine besonderen Ansprüche, da dämmerungs- und nachtaktiv. • Schwierigkeitsgrad: Bei entsprechender Vergesellschaftung und guten Wasserverhältnissen für Anfänger geeignet. Reagiert wie alle Krebstiere empfindlich auf Dichteschwankungen und zu hohe Nitratwerte. Ausdauernder robuster Ritterkrebs, der nicht zu groß wird. Benötigt sauberes, sauerstoffreiches Wasser wie Garnelen. Überwiegend nachtaktiv, der nach Eingewöhnung auch zur Fütterung tagsüber erscheint. Benötigt tiefe Schlupfwinkel, in die er sich völlig zurückziehen kann. Nur bedingt für sog. Riffaquarien geeignet.
Fütterung	Alle tierischen Futter wie bei Anemonen, nimmt gern TetraTips.
Vergesellschaftung	Idealer Restevertilger in großen Fischaquarien, aber ohne Drückerfische und andere Hartschalenfresser. Mit langsamen Kleinfischen nicht ganz ungefährlich, obwohl wenig negative Erfahrungen vorliegen. Das gilt auch für Garnelen, kleine Krabben und Einsiedlerkrebse. Kann jedoch gut mit Langusten und größeren Einsiedlerkrebsen zusammen gepflegt werden. Gute Erfahrungen auch mit großen Anemonen und Zylinderrosen. Frißt, individuell verschieden, Stachelhäuter, besonders Seeigel, Röhrenwürmer, Muscheln und Schnecken. Darf nicht mit Artgenossen vergesellschaftet werden.
Besonderheiten	Bei bisher noch sehr seltener Paarbildung Fortpflanzung auch im Aquarium möglich. Aufzucht der Larven bisher noch nicht gelungen, sollte aber in Spezialaquarien möglich sein. Wird häufiger importiert als *Enoplometopus occidentalis*.

Crustacea Decapoda (Zehnfusskrebse), Reptantia (Panzerkrebse)

Name	**SCHMUCK- ODER RIFFLANGUSTE** *Panulirus versicolor* (Latreille)
Heimat	In den Korallenriffen des tropischen Indo-Pazifik. Meist einzeln, seltener paarweise oder in kleinen Gruppen in Höhlen, größeren Spalten und Riffüberhängen. Dämmerungs- und nachtaktiver Räuber und Aasfresser.
Größe	Aquarienexemplare meist zwischen 3 und ca. 12 cm Körperlänge. Wird 30 bis 35 cm lang.
Haltung	• Temperatur: 20 bis 24 °C, verträgt aber kaum über 28 °C. • Licht: Keine besonderen Ansprüche, da dämmerungs- und nachtaktiv. • Schwierigkeitsgrad: Für Anfänger gut geeignet, wenn Bedingungen der Vergesellschaftung beachtet werden und gute Wasserverhältnisse herrschen. Gleiche Bedingungen wie Riffhummer. Kann aber auch zu mehreren gepflegt werden, wenn das Becken mindestens 300 l groß ist und viele Verstecksplätze aufweist.
Fütterung	Alle tierischen Futter wie bei Anemonen, nimmt gern TetraTips.
Vergesellschaftung	Idealer Restevertilger in großen Fischaquarien, aber ohne Drückerfische und andere Hartschalenfresser. Mit langsamen Kleinfischen nicht ganz ungefährlich, obwohl wenig negative Erfahrungen vorliegen. Das gilt auch für Garnelen, kleine Krabben und Einsiedlerkrebse. Kann jedoch gut mit Langusten und größeren Einsiedlerkrebsen zusammen gepflegt werden. Gute Erfahrungen auch mit großen Anemonen und Zylinderrosen. Frißt, individuell verschieden, Stachelhäuter, besonders Seeigel, Röhrenwürmer, Muscheln und Schnecken. Darf nicht mit Artgenossen vergesellschaftet werden.
Besonderheiten	Kann zikadenähnliche, sirrende Geräusche erzeugen, wenn er belästigt wird oder Artgenossen antrifft. Verwandte Arten *Panulirus ornatus* ebenfalls Indo-Pazifik und *P. argus* Karibik.

Crustacea Decapoda (Zehnfußkrebse), Brachyura (Krabben)

Name	**TASCHENKREBS, SCHWIMMKRABBE** *Carcinus maenas*
Heimat	Schwimmkrabben der Familie Protunidae finden sich in allen Meeren, vorwiegend auf Schlamm- und Sandgründen. Aus den ca. 25 Krabbenfamilien werden nur wenige Arten importiert, da sie bisher noch wenig Anklang fanden.
Größe	Je nach Art zwischen 3 und 6 cm Panzerbreite, aber auch 10 cm und mehr.
Haltung	• Temperatur: 10 bis 24 °C, viele Arten vertragen auch über 30 °C. • Licht: Keine besonderen Ansprüche. • Schwierigkeitsgrad: Bei Einzelhaltung für Anfänger geeignet, sonst schwierig in der Vergesellschaftung. Krabben allgemein wären ausgezeichnete Aquarienbewohner, wenn sie nicht mehrere unangenehme Eigenschaften hätten. Gerade die bunten Arten aus den Tropen, z. B. Familie Xanthidae, sind fast alle sehr robust und räuberisch. Außerdem kannibalisch, so daß sie fast nur zur Einzelpflege taugen. Daher sind nur wenige kleinbleibende Arten, z. B. Boxerkrabbe *Lybia tesselata* zur Gemeinschaftshaltung geeignet. Mit Ausnahme der sog. Korallenkrabben stellen die meisten Arten keine hohen Ansprüche an ihre aquatische Umwelt. Untergetaucht lebende Krabben pflegt man wie Hummer und Langusten, amphibische wie Reiterkrabben *Oncypodidae* und Winkerkrabben der Gattung *Uca* sowie Felsenkrabben *Grapsidae* pflegt man in Meeres-Aquaterrarien.
Fütterung	Problemlose Allesfresser mit wenigen Ausnahmen. Tierisches Futter und teilweise Pflanzenkost. Sehr gern TetraTips.
Vergesellschaftung	Große Krabben eignen sich fast nur als Restevertilger in Fischaquarien, wobei Hartschalenfresser zu vermeiden sind. Achtung, viele größere Krabben erbeuten kleine Fische. Schwimmkrabben sogar im freien Wasserraum. Räuber!
Besonderheiten	Krabben aller Art sollten häufiger importiert und gepflegt werden, da man über die Lebensäußerungen der meisten Arten sehr wenig weiß.

Crustacea Decapoda (Zehnfußkrebse), Brachyura (Krabben)

Name	**SPINNENKRABBE, GESPENSTERKRABBE** *Stenorhynchus seticornis* (Herbst)
Heimat	Karibische See an Felsküsten und in Korallenriffen vom Flachwasser an. Häufigste importierte Spinnenkrabbe, oft in Gemeinschaft mit großen Seeanemonen der Gattung *Condylactis*.
Größe	Der dreieckig spitze Körper wird ca. 2 cm lang und 1 cm breit.
Haltung	• Temperatur: 20 bis 24 °C, nicht höher als 26 °C. • Licht: Keine besonderen Bedürfnisse. • Schwierigkeitsgrad: Bei entsprechender Vergesellschaftung für Anfänger. Recht interessante und nach Eingewöhnung wenig scheue, etwas unheimlich wirkende Kleinkrabbe. Haltung wie Hummer und Langusten. Nach Beobachtungen von Hans Baensch benutzen größere Spinnenkrabben ihre Körperspitze als Waffe. Greift man die Tiere mit der bloßen Hand, stechen sie aktiv zu. Das schmerzt stark. Also Vorsicht als Taucher und beim Hantieren im Becken. Es wurde auch (im Aquarium) beobachtet, daß die Krabbe mit der Spitze auf kleine Fische losging *(Apogon maculatus)*. Sie spießte einen 2,5 cm langen Fisch auf und verzehrte ihn dann.
Fütterung	Nimmt alles tierische Futter gern, auch TetraTips.
Vergesellschaftung	Bleibt in der Vergesellschaftung mit größeren Fischen ab 5 cm Länge sehr scheu. Gut geeignet für kleinere Fische von Riffbarschgröße. Freßfeinde sind alle Hartschalenfresser, besonders auch Lippfische. Gut geeignet für Aquarien mit Anemonen oder Zylinderrosen. Für Riffbecken weniger gut, da manche festgewachsenen Wirbellose, z.B. Röhrenwürmer, Riffmuscheln, Manteltiere etc., angefressen werden. Übergriffe auf Stachelhäuter wie Seeigel und Seesterne nicht bekannt.
Besonderheiten	Ausgewachsene Spinnenkrabben häuten sich nicht mehr, so daß verlorengegangene Beine oder Scheren nicht mehr regeneriert werden.

CRUSTACEA DECAPODA (ZEHNFUSSKREBSE), PORCELLANIDAE (PORZELLANKREBSE)

Name	**ANEMONENKRABBE, PORZELLANKRABBE** *Neopetrolisthes ohshimai*
Heimat	Mit wahrscheinlich mehreren unterschiedlichen Arten in den Korallenriffen des Indischen und Pazifischen Ozeans. Lebt ausschließlich in Symbiose mit großen Riffanemonen der Gattungen *Heteractis, Gyrostoma, Stoichactis, Cryptodendrum* und *Physobrachia*.
Größe	2 bis 3 cm Panzerlänge
Haltung	• Temperatur: 20 bis 24 °C, fühlt sich bei Temperaturen über 28 °C nicht mehr wohl. • Licht: Ohne Bedeutung, versteckt sich bei heller Beleuchtung unter der Anemone. • Schwierigkeitsgrad: Für Anfänger mit ein- bis zweijähriger Praxis, wenn auf richtige Vergesellschaftung und gute Wasserverhältnisse geachtet wird. Interessante Symbiosekrabbe, die aber unbedingt mit einer der oben genannten Riffanemonen zusammen gepflegt werden muß. Nimmt im Riffaquarium auch Blasenkorallen und große Lederkorallen als Ersatz. Beeinträchtigt ihre Symbioseanemone weniger als die Riffbarsche der Gattung *Amphiprion*. Ursprünglich reiner Filtrierer von tierischem Plankton. Nimmt aber im Aquarium auch gezielt Futter von der Pinzette.
Fütterung	Allerlei tierisches Plankton oder kleine Futterbröckchen wie bei Anemonen, nimmt auch TetraTips.
Vergesellschaftung	Mit wenigen Kleinfischen, wie bei Schwämmen angegeben. Gut für Riffaquarien, aber dann ohne Anemonen, sondern mit Lederkorallen, Blasenkoralle oder Scheibenanemonen. Harmlos gegenüber allen Planktonfiltrierern. Gut geeignet auch für kleine Garnelen, aber nicht *St. hispidus*. Sonst Seesterne, Seeigel, Schlangensterne, Seegurken, Manteltiere. Achtung! Wird von Zylinderrosen gefressen. Keine großen Korallenfische, keine Großkrebse.
Besonderheiten	Frißt bis zur Eingewöhnung nur nachts. Daher gegen Abend füttern. Aggressiv gegenüber gleichgeschlechtlichen Artgenossen.

Crustacea Decapoda (Zehnfusskrebse), Paguridae (Einsiedlerkrebse)

Name	**KORALLEN-EINSIEDLERKREBS** *Dardanus pedunculatus*
Heimat	Viele farbprächtige Einsiedlerkrebse mit einer Körpergröße von 0,5 bis ca. 2 cm leben in und auf den Riffen des Indo-Pazifik und der Karibik, auch an Felsküsten häufig. Einige Arten tagaktiv, die meisten nachtaktiv.
Größe	2 cm
Haltung	• Temperatur: 20 bis 24 °C, einige vertragen auch Temperaturen bis über 30 °C. • Licht: Keine besonderen Ansprüche. • Schwierigkeitsgrad: Hervorragend für Anfänger. Kleine Einsiedlerkrebse sind hervorragende Beobachtungsobjekte und meist außerordentlich zäh. Sie lernen schnell, ob Freßfeinde im Becken gehalten werden und lassen sich in Aquarien mit Kleinfischen dann auch tagsüber sehen. Ideale Resteverwerter in Riffaquarien. Fressen auch sehr gut nicht zu lange Fadenalgen. Ansonsten Ansprüche wie Garnelen und andere Krebstiere. Wichtig auch hier eine Auswahl leerer Schneckengehäuse. Untereinander meist friedlich, wenn annähernd gleichgroße Arten zusammen gehalten werden.
Fütterung	Frißt alle tierischen Futter, auch Aas und Algen, Futtertabletten.
Vergesellschaftung	Gut für Riffaquarien mit festsitzenden Blumentieren und anderen Filtrierern. Nagen manchmal die Röhren von Fächerwürmern an, falls diese veralgt sind. Als Resteverwerter auch in Fischaquarien ohne Hartschalenfresser wie Drückerfische und Verwandte oder Lippfische. Letztere besonders gefährlich. Nicht geeignet für Großkrebse aller Art. Gut geeignet für Becken mit Seeanemonen und/oder Zylinderrosen.
Besonderheiten	Manche Arten verpaaren sich im Aquarium. Aufzucht der Larven noch ohne Erfolg.

ECHINODERMATA (STACHELHÄUTER), ASTEROIDEA (SEESTERNE)

Name	**ERDBEER-SEESTERN** *Fromia monilis*
Heimat	In den Korallenriffen des Indo-Pazifik, besonders häufig zwischen Indonesien und Ostafrika. Zusammen mit der etwas größeren *Fromia elegans* oft von Indonesien, Singapur und Sri Lanka importiert.
Größe	Ca. 5 – 6 cm im Durchmesser.
Haltung	• Temperatur: 20 bis 24 °C, löst sich bei Temperaturen über 26 °C oft auf. • Licht: Keine besonderen Ansprüche. • Schwierigkeitsgrad: Für Fortgeschrittene und Spezialisten. Harmloser Kleinpartikelfresser, der leider sehr empfindlich auf Dichteschwankungen reagiert. Streift mit herausgestülpten Magenfalten unermüdlich über Bodengrund und Dekoration. Geht vermutlich auch an Schwämme, ohne sie jedoch nachhaltig zu schädigen.
Fütterung	Feinst zerteiltes frisches oder tiefgefrorenes Muschel-, Fisch- und Krebsfleisch, tierische Planktonorganismen aller Art.
Vergesellschaftung	Mit festgewachsenen Blumentieren und anderen Planktonfressern im Riffaquarium. Auch für Aquarien mit Seeanemonen und Zylinderrosen. Kleinfische wie bei Schwämmen angegeben. Nicht mit großen Korallenfischen, Großkrebsen, räuberischen Schnecken und Seesternen.
Besonderheiten	Der Erdbeer-Seestern gehört wie fast alle seine Verwandten aus der Familie der Ophidiasteridae zu den Kleinpartikelfressern (Mikrophagen) oder Nahrungsspezialisten. Verwandte Arten sind: Javaseestern *Nardoa variolata*, Blauer Riffseestern *Linckia laevigata*, *Fromia ghardaquana*, *Fromia elegans*, *Gomophia aegiptiaca* u.a., die alle mehr oder minder häufig importiert werden. Auch der Rote Seestern *Fromia milleporella* gehört zu den von Aquarianern geschätzten Stachelhäutern.

ECHINODERMATA (STACHELHÄUTER), ASTEROIDEA (SEESTERNE)

Name	**ROTER STACHELSEESTERN, OSTAFRIKANISCHER SEESTERN** *Protoreaster lincki* (de Blainville)
Heimat	Tropischer Indo-Pazifik, meist auf Korallenriffen im Flachwasser. Wird aus Ostafrika, Sri Lanka und Singapur, seltener den Philippinen importiert.
Größe	Aquarienexemplare um 10 bis 15 cm im Durchmesser, sonst 25 cm und mehr.
Haltung	• Temperatur: 20 bis 24 °C, verträgt auch höhere Temperaturen, jedoch nicht über 30 °C. • Licht: Keine besonderen Ansprüche. • Schwierigkeitsgrad: Für Anfänger bei entsprechender Vergesellschaftung. Kräftiger, sehr räuberischer Seestern aus der Familie der Kissensterne Oreasteridae. Gegen Dichteschwankungen empfindlich, sonst ausdauernd bis hart. Kann leider nur mit sehr wenigen anderen Wirbellosen gepflegt werden. Auf keinen Fall für Riffaquarien geeignet.
Fütterung	Muschel-, Fisch- und Krebsfleisch tiefgefroren oder gefriergetrocknet, nimmt sehr gern TetraTips, frißt auch Aas.
Vergesellschaftung	Gut geeignet für Aquarien mit großen und stark nesselnden Seeanemonen oder Zylinderrosenbecken. Sonst nur zu schnell beweglichen Wirbellosen wie Garnelen, kleine bis mittlere Einsiedlerkrebse, nicht zu große Krabbenarten. Gut in Anfängeraquarien mit kleinen Riffbarschen und ähnlichen harten Fischen. Nicht geeignet für alle festgewachsenen Wirbellosen. Nicht geeignet für alle großen Korallenfische, größere räuberische Krebse und Raubschnecken.
Besonderheiten	Viele verwandte und ähnliche bunte Arten in den Riffen des Indo-Pazifik und der Karibischen See, wie der Kissenstern *Culcita schmideliana, Chroiaster granulatus, Protoreaster tuberculatus, Oreaster reticulatus, Pentaceraster mammillatus* u. a.

ECHINODERMATA (STACHELHÄUTER), OPHIUROIDEA (SCHLANGENSTERNE)

Name	GEBÄNDERTER SCHLANGENSTERN *Ophiolepis superba* (H. L. Clark)
Heimat	Weit verbreitet, aber nicht häufig in den Riffen des Indo-Pazifik. Manchmal auch tagsüber in Ebbetümpeln anzutreffen, wobei die Arme die Wasseroberfläche nach Nahrung abstreifen. Manchmal in Importen aus Indonesien und von den Philippinen.
Größe	10 – 12 cm, selten größer.
Haltung	• Temperatur: 20 bis 24 °C, verträgt auch bis 28 °C. • Licht: Keine besonderen Ansprüche. • Schwierigkeitsgrad: Bei entsprechender Vergesellschaftung für Anfänger. Im Gegensatz zu vielen Verwandten, die ihre Arme bei Berührung leicht abwerfen, ist dieser Schlangenstern gut zu transportieren. Im Aquarium ausdauernd und haltbarer als viele Seesterne. Wichtig: Versteckmöglichkeiten wie hohl aufliegende große Muschelschalen oder flache Steine bzw. lochreiches Riffgestein. Reagiert wie alle Stachelhäuter auf zu rasche Dichteschwankungen.
Fütterung	Nimmt alles tierische Futter bis zu erbsgroßen Bröckchen, sehr gern TetraTips.
Vergesellschaftung	Idealer Restevertilger in Riffaquarien mit festsitzenden Blumentieren, anderen Filtrierern, Garnelen, kleinen Einsiedlern und Kleinfischen. Sehr gut auch für Aquarien mit Zylinderrosen oder Seeanemonen. Keine Großfische, besonders nicht Drückerfische und Verwandte und große Lippfische. Keine Großkrebse.
Besonderheiten	Schlangensterne werden leider immer noch zu selten gezielt importiert, was mit der hohen Zerbrechlichkeit der meisten Arten zusammenhängen mag. Wir kennen aber inzwischen einige Arten, die leicht zu transportieren sind und sich durch ungewöhnliche Haltbarkeit auszeichnen. Als „Gesundheitspolizei" sollten die im Handel erhältlichen Arten in keinem Riffaquarium fehlen.

ECHINODERMATA (STACHELHÄUTER), ECHINOIDEA (SEEIGEL)

Name	**KARIBISCHER QUERIGEL, KARIBISCHER RIFFSEEIGEL** *Echinometra lucunter* (Linné)
Heimat	Tropischer Westatlantik, Karibische See an Felsküsten und in Korallenriffen im Flachwasser. Regelmäßige Importe aus Curaçao oder über die USA.
Größe	Gesamtdurchmesser ca. 6 cm, selten größer.
Haltung	• Temperatur: 20 bis 24 °C, wirft bei über 30 °C die Stacheln ab. • Licht: Keine besonderen Ansprüche, da überwiegend nachtaktiv. • Schwierigkeitsgrad: Für Anfänger, falls auf richtige Vergesellschaftung geachtet wird. Haltbarer und ausdauernder Seeigel, der jedoch wie alle Stachelhäuter empfindlich auf Dichteschwankungen reagiert. Sehr guter Algenfresser, der meist nachts im Becken umherwandert. Oft standorttreu in selbst herausgeschabten Höhlungen im Dekorationsmaterial. Vor allem für Riffaquarien geeignet, um den Wuchs von Fadenalgen einzudämmen. Benötigt unbedingt weiches Kalkgestein, Tuff, Korallengeäst u.ä.
Fütterung	Fast ausschließlich Algen, ersatzweise auch TetraTips.
Vergesellschaftung	Sehr gut für Riffaquarien mit festsitzenden Blumentieren und anderen Planktonfressern, Garnelen, kleinen Einsiedlerkrebsen, harmlosen Seesternen und Schlangensternen sowie Kleinfischen. Auch in Aquarien mit Anemonen und Zylinderrosen. Nicht zu Hartschalenfressern, Korallenfaltern oder Kaiserfischen. Keine Großkrebse, Raubschnecken oder räuberische Seesterne.
Besonderheiten	Tarnt sich wie viele Flachwasserbewohner manchmal mit Blattalgen, Muschelschalen, Steinchen und Korallenästchen. Verwandte Art: *Echinometra mathaei* des tropischen Indo-Pazifik.

ECHINODERMATA (STACHELHÄUTER), ECHINOIDEA (SEEIGEL)

Name	**GROSSER LANZENSEEIGEL** *Stylocidaris affinis*
Heimat	Mittelmeer, andere Arten in Korallenriffen des tropischen Indo-Pazifik im tieferen Bereich, vor allem im Vorriff. Nicht selten in Importen von Ostafrika, Sri Lanka, Indonesien und Singapur.
Größe	Gesamtdurchmesser 15 cm und mehr.
Haltung	• Temperatur: 20 – 24 °C, nicht über 28 °C. • Licht: Keine besonderen Ansprüche, überwiegend nachtaktiv. • Schwierigkeitsgrad: Für Anfänger bei entsprechender Vergesellschaftung gut geeignet. Vorsicht beim Eingewöhnen und Umsetzen, keine Salzgehalt-Schwankungen. Ausdauernder und haltbarer Lanzenseeigel, der nur auf Dichteschwankungen empfindlich (Stachelabwurf) reagiert. Ernährt sich neben Algen auch von Aas, Schwämmen und manchmal Lederkorallen. Nicht für Riffaquarien mit festsitzenden Blumentieren geeignet. Achtung, kann mit seinen fast bleistiftdicken Stacheln lose aufgeschichtete Dekorationsteile auseinanderdrücken und zum Einsturz bringen.
Fütterung	Neben Algen auch Muschel- und Fischfleisch.
Vergesellschaftung	Gut geeignet für größere Fischaquarien ohne Hartschalenfresser wie Drückerfische und Verwandte. Empfehlenswert für Aquarien mit Seeanemonen oder Zylinderrosen. Keine Großkrebse, räuberische Schnecken und Seesterne. Garnelen und kleine Einsiedlerkrebse geeignet.
Besonderheiten	Fast alle Lanzenseeigel sind haltbare Aquarienbewohner, die nicht so empfindlich reagieren wie z.B. Diademseeigel oder andere Arten. Leider alle etwas räuberisch.

ECHINODERMATA (STACHELHÄUTER), HOLOTHURIOIDEA (SEEGURKEN)

Name	**BUNTE SEEGURKE** *Paracucumaria tricolor*
Heimat	Riffgebiete des Indo-Pazifik, besonders häufig im südchinesischen Meer. Sehr oft aus Singapur importiert.
Größe	Um 12 cm bis über 20 cm.
Haltung	• Temperatur: 20 bis 24 °C, übersteht kaum T. über 28 °C. • Licht: Keine besonderen Ansprüche. • Schwierigkeitsgrad: Wegen Vergiftungsgefahr für die Fische nichts für Anfänger. Sehr ausdauernde und haltbare, dekorative Seegurke, die aber mangels feinster Planktonnahrung allmählich immer kleiner wird. Bevorzugt sehr strömungsreiche Stellen im Aquarium, gern an Scheiben oder frei in den Wasserraum ragenden Korallenästen. Wie alle Stachelhäuter empfindlich gegenüber Dichteschwankungen.
Fütterung	Feinstes tierisches und pflanzliches Plankton, besonders auch Hefe.
Vergesellschaftung	Sehr gut für Riffaquarien mit festgewachsenen Blumentieren und anderen Planktonfressern, Garnelen, kleinen Einsiedlern, nicht räuberischen Seesternen, Seeigeln und Schlangensternen. Vergesellschaftung mit Fischen kann problematisch werden, da Unfälle durch Vergiftung beobachtet, siehe unten. Sonst auch für Becken mit Seeanemonen und Zylinderrosen.
Besonderheiten	Es scheint, daß alle aquaristisch interessanten Seegurken den für Wirbeltiere hochwirksamen Giftstoff Holothurin absondern, der für viele Fische absolut tödlich ist. Besonders gefährdet sind Fische, die an den Seegurken „herumpicken", etwa Zwergkaiser. Auffallend ist, daß in Aquarien mit Aktivkohlefilterung Unfälle und Vergiftungen durch Seegurken bisher noch nicht beobachtet wurden. Dennoch Vorsicht bei der Vergesellschaftung mit Fischen!

Mollusca (Weichtiere), Gastropoda (Schnecken)

Name	**TIGERPORZELLANSCHNECKE** *Cypraea tigris* (Linné)
Heimat	In Korallenriffen, auf algenbewachsenem Felsgrund und Seegraswiesen des tropischen Indo-Pazifik. Wird häufig aus Indonesien, Singapur, Sri Lanka und den Philippinen importiert.
Größe	8 – 12 cm
Haltung	• Temperatur: 20 bis 24 °C, möglichst nicht über 28 °C. • Licht: Keine besonderen Ansprüche. • Schwierigkeitsgrad: Bei richtiger Vergesellschaftung für Anfänger. Sehr dekorative, einfach zu pflegende Porzellanschnecke, die wegen ihrer Größe jedoch nur für größere, veralgte Aquarien geeignet ist. Leider, wie fast alle ihre Verwandten, überwiegend nachtaktiv. Für Riffaquarien weniger geeignet, da manchmal Schwämme, Lederkorallen und andere festsitzende Wirbellose angefressen werden, vor allem, wenn nicht ausreichend Algen vorhanden sind. Wenn im Riffaquarium gepflegt, öfter Muschelfleisch in der Schale und auch TetraTips bieten.
Fütterung	Überwiegend Algen, Muschel-, Fisch- und Krebsfleisch sowie TetraTips, nimmt auch Aas.
Vergesellschaftung	Sehr gut geeignet in Aquarien mit Seeanemonen oder Zylinderrosen. Gut zu halten mit Garnelen, kleinen Einsiedlerkrebsen, harmlosen Seesternen, Schlangensternen und Seegurken. Kleinfische wie bei Schwämmen. Nicht zu pflegen mit großen Korallenfischen, besonders nicht Kaiserfische, Korallenfalter und Lippfische sowie Hartschalenfresser. Keine Großkrebse, Raubschnecken, räuberische Seesterne.
Besonderheiten	Bei allen Porzellanschnecken wird das glänzende Gehäuse von einem mehr oder minder dicken fleischigen Mantel umhüllt. Dieser wie auch Fühler samt Augen, Rüssel und die breite Kriechsohle (Fuß) werden bei Gefahr in den engen Schalenschlitz zurückgezogen. Dennoch wird der Mantel von den oben erwähnten Fischen oft angepickt und verletzt.

MOLLUSCA (WEICHTIERE), BIVALVIA (MUSCHELN)

Name	RIFFMUSCHEL, „MÖRDERMUSCHEL" *Tridacna maxima* (Roeding)
Heimat	Eine der häufigsten Riffmuscheln im Indischen und Pazifischen Ozean. Vorwiegend auf der Riffplatte im flachen Wasser. Wird vor allem von den Philippinen, aus Indonesien und Singapur importiert. Verwandte Arten: *Tridacna crocea* (Ceylon und Ostafrika), *T. squamosa* (Zentraler Indo-Pazifik).
Größe	Aquarienexemplare von 5 bis ca. 15 cm Schalenlänge.
Haltung	• Temperatur: 20 bis 24 °C, verträgt zeitweise auch über 28 °C. • Licht: Möglichst hell, mindestens 4 Leuchtstoffröhren oder HQI. • Schwierigkeitsgrad: Fortgeschrittene mit mindestens 2jähriger Praxis. Haltbare Riffmuschel für das **gut beleuchtete** Wirbellosen-Becken mit festsitzenden Blumentieren und anderen Planktonfressern. Optimale Plazierung ca. 10 bis 20 cm von der Wasseroberfläche entfernt am besten auf totem Korallengeäst. Wichtig ist mäßige bis zeitweise starke Wasserbewegung. Möglichst nicht am Bodengrund unterbringen, da sie von der Unterseite her dann leicht verfault. Achtung, nie mit Gewalt vom Substrat lösen, da sie leicht verletzt wird und stirbt. Enthält im Gewebe symbiotische Algen.
Fütterung	Sehr feines pflanzliches und tierisches Plankton oder Ersatzplankton auch flüssig oder Schwebealgenkulturen sowie aufgeschwemmte Hefe.
Vergesellschaftung	Kann mit allen Blumentieren mit symbiotischen Algen zusammen gehalten werden, dazu Schwämme, Röhrenwürmer, harmlose Seesterne, algenfressende Seeigel, Schlangensterne, Seegurken und Manteltiere. Paßt auch in Aquarien mit Symbioseanemonen, aber nicht zu Zylinderrosen. Gut für Kleinfische wie bei Schwämmen. Keine großen „Korallenfische", besonders nicht Hartschalenfresser, Falter- und Kaiserfische. Nicht zu räuberischen Seesternen, Raubschnecken und Großkrebsen setzen. Garnelen meist harmlos, aber auf die Dauer störend.
Besonderheiten	Die bunte Färbung der breiten Mantellappen wird von symbiotischen Algen und UV-Schutzstoffen bestimmt. Riffmuscheln befestigen sich je nach Art mittels eines fleischigen Stiels oder fasriger Fäden am Substrat, daher nie mit Gewalt lösen. Manche Arten mit kommensalischen (teilsymbiotischen) Garnelen *Conchodytes meleagrinae*. Nur mit Cites-Bescheinigung zu erwerben.

Index — Wissenschaftlich

A

Abudefduf saxatilis 134
Acanthuridae 98 ff.
Acanthurus coeruleus 99
Acanthurus leucosternon 100
Actiniaria 185 ff.
Actinodiscus 192
Alcyonacea 181, 183
Alcyoncea 175 ff.
Amphiprion clarkii 135
Amphiprion ephippium 136
Amphiprion frenatus 137
Amphiprion ocellaris 138
Amphiprion perideraion 139
Amphiprion polymnus 140
Amphiprion sandaracinos 141
Amphiprion sebae 142
Amplexidiscus fenestrafer 193
Anthiinae 166
Anthozoa 175 ff.
Anthozoa 173
Apogon aureus 104
Apogon compressus 105
Apogon erythrinus 106
Apogon nematopterus 107
Apogonidae 103 ff.
Asteroidea 209 f.

B

Balistidae 108
Bivalvia 216
Blenniidae 109 ff.
Brachyura 205 f.

C

Callionymidae 111 ff.
Calloplesiops altivelis 132
Carcinus maenas 205
Cavernularia obesa 177
Ceriantharia 191
Chromis caeruleus 144
Chromis cyanea 143
Chromis viridis 144
Chrysiptera cyanea 145
Chrysiptera parasema 146
Chrysiptera taupou 147
Chrysiptera unimaculata 148
Cirrhitichthys falco 113
Cirrhitidae 113 ff.
Clavularia viridis 178
Corallimorpharia 192 f.
Coris formosa 121
Coris frerei 121
Coris gaimard 122
Crustacea Decapoda 198 ff.
Cypraea tigris 215

D

Dardanus pedunculatus 208
Dascyllus aruanus 149
Dascyllus carneus 150
Dascyllus marginatus 151
Dascyllus melanurus 152
Dascyllus trimaculatus 153
Demospongiae 174
Dendronephthya klunzingeri 175
Discosoma spec. 192

E

Echinodermata 209 ff.
Echinoidea 212 f.
Echinometra lucunter 212
Ecsenius midas 109
Elacatinus oceanops 116
Enoplometopus debelius 203
Entacmaea quadricolor 185

F

Fromia monilis 209

G

Gastropoda 215
Gliona rastifica 174
Gobiidae 116 ff.
Gobiodon okinawae 117
Goniophora lobata 179
Gorgonacea 184
Gramma loreto 120
Grammidae 120

H

Heteractis aurora 186
Heteractis crispa 187 f.
Heteractis magnifica 189
Hippocampus kuda 168
Holothurioidea 214
Hoplalatilus purpureus 126

L

Labridae 121
Labroides dimidiatus 123
Lactoria cornuta 131

Lemnalia africana 176
Lo unimaculatus 167
Lysmata debelius 199
Lysmata maboinensis 198

M

Malacanthidae 126
Meiacanthus mossambicus 110
Microdesmidae 127 ff.
Minabea indica 173
Mollusca 215 f.

N

Natantia 198 ff.
Nemateleotris decora 127
Nemateleotris magnifica 128
Neocirrhites armatus 114
Neoglyphidodon oxyodon 154
Neopetrolisthes oghimai 207
Neopomacentrus azysron 155

O

Ophiolepis superba 211
Ophiuroidea 211
Opistognathidae 130
Opistognathus aurifrons 130
Ostraciontidae 131
Oxycirrhites typus 115

P

Pachycerianthus maua 191
Paguridae 208
Panulirus versicolor 204
Paracanthurus hepatus 101
Paracucumaria tricolor 214
Paramuricea elavata 184

Pennatulacea   177
Periclimenes imperator   200
Plerogyra sinuosa   180
Plesiopidae   132
Plotosidae   133
Plotosus lineatus   133
Polychaeta   196
Pomacentridae   134 ff.
Pomacentrus auriventris   156
Pomacentrus caeruleus   158
Pomacentrus coelestis   157
Pomacentrus mollucensis   159
Porcellanidae   207
Premnas biaculeatus   160
Protoreaster lincki   210
Pseudanthias squamipinnis   166
Pseudochromidae   162 ff.
Pseudochromis diadema   162
Pseudochromis fridmani   163
Pseudochromis paccagnellae   164
Pseudochromis porphyreus   165
Ptereleotris evides   129
Pterosynchiropus splendidus   111

R

Radianthus ritteri   189
Reptantia   203 f.
Rhinecanthus aculeatus   108
Rhodactis sp.   193
Rhynchocinetes uritai   201

S

Sabellastarte magnifica   196
Sabellidae   195 f.
Sarcophyton glaucum   183
Sarcophyton trocheliophorum   181
Scleractinia   179, 182

Serpula vermicularis   195
Serpulidae   197
Siganidae   167
Siganus unimaculatus   167
Sphaeramia nematopterus   107
Spirobranchus giganteus   197
Stegastes leucostictus   161
Stenopus bispidus   202
Stenorhynchus seticornis   206
Stichodactyla baddoni   190
Stolonifera   178
Stonogobiops nematodes   118
Stylocidaris affinis   213
Synchiropus picturatus   112
Syngnathidae   168

T

Thalassoma bifasciatum   124
Thalassoma lutescens   125
T aurea Milne   182
Tridacna maxima   216
Tubastrea coccinea   182

V

Valenciennea strigata   119

Z

Zebrasoma flavescens   102
Zoanthiniaria   194
Zoanthus sociatus   194

Index — deutsch

A
Aktinien 185 ff.
Anemonenkrabbe 207

B
Bijouteriefisch 121
Bindenglühkohlenfisch 137
Blasenanemone 185
Blasenkoralle 180
Blaues Schwalbenschwänzchen 143
Blaukopfjunker 124
Blümchenkoralle 179
Blumentiere 173
Blumentiere 175 ff.
Brauner Preußenfisch 151
Buckelgarnele 201
Bunte Seegurke 214
Bunte Weichkoralle 175
Bunter Kalkröhrenwurm 197
Büschelbarsche 113 ff.

C
Clarks Ringelfisch 135
Clownjunker 122

D
Debelius-Riffhummer 203
Dekor-Schwertgrundel 127
Diadem-Zwergbarsch 162
Doktorfische 98 ff.
Dreibinden-Preußenfisch 149
Dreipunkt-Preußenfisch 153
Drückerfische 108

E
Echter Mirakelbarsch 132
Einfleck-Demoiselle 148
Einfleck-Fuchsgesicht 167

Einsiedlerkrebse 208
Erdbeer-Seestern 209

F
Fächerwurm 196
Fächerwürmer 195 f.
Fadengrundel 118
Fahnenbarsche 166
Falken-Büschelbarsch 113
Falscher Bijouteriefisch 122
Feenbarsch 120
Feuerschwertgrundel 128
Flammenbüschelbarsch 114
Fridmans Zwergbarsch 163

G
Garnelen 198 ff.
Gebänderter Schlangenstern 211
Gehörnter Kofferfisch 131
Gelbbauch-Demoiselle 158
Gelbbauch-Riffbarsch 156
Gelbe Demoiselle 159
Gelbe Kelchkoralle 182
Gelbe Korallengrundel 117
Gelber Lippfisch 125
Gelber Riffbarsch 159
Gelbschwanz-Demoiselle 146
Gelbschwanzringelfisch 142
Gespensterkrabbe 206
Glänzender Mandarinfisch 111
Glasperlen-Anemone 186
Goldbauch-Kardinalbarsch 104
Goldbinden-Riffbarsch 134
Goldflößchen 142
Goldstirn-Brunnenbauer 130
Goldstreifen-Kardinalbarsch 105
Gorgonie 184
Große Putzergarnele 202
Großer Lanzenseeigel 213
Großes Elefantenohr 193
Grundeln 116 ff.
Grüne Demoiselle 144

Grüne Krustenanemone   194
Grüne Röhrenkoralle   178
Grünes Schwalbenschwänzchen   144

H
Haddons Anemone   190
Halsband-Anemonenfisch   139
Hochroter Glühkohlenfisch   136
Hornkieselschwämme   174
Hornkoralle   184
Hornkorallen   184

I
Imperator-Garnele   200

J
Juwelchen   120
Juwelen-Fahnenbarsch   166

K
Kalkröhrenwurm   195
Kalkröhrenwürmer   197
Kaninchenfische   167
Kardinalbarsche   103 ff.
Kardinalsgarnele   199
Karibischer Querigel   212
Karibischer Riffseeigel   212
Keildemoiselle   155
Keniabäumchen   176
Kieferfische   130
Knubbelanemone   185
Kofferfische   131
König-Salomon-Fischchen   163
Korallen-Einsiedlerkrebs   208
Korallenanemonen   192 f.
Korallengarnele   202
Korallenwächter   114
Korallenwels   133
Krabben   205 f.
Krustenanemonen   194
Kuhfisch   131

L
LSD-Mandarinfisch   112
Langschnauzen-Büschelbarsch   115
Lederanemone   187 f.
Lederkorallen   175 ff.
Lederkorallen   181, 183
Leierfische   111 ff.
Lippfische   121

M
Margueritenkoralle   179
Meerschwalbe   123
Meerwelse   133
Midas Blenni   109
Mirakelbarsche   132
Mördermuschel   216
Mosambik-Blenni   110
Muscheln   216

N
Neon-Demoiselle   157
Neon-Riffbarsch   154
Neongrundel   116

O
Orange-Ringelfisch   138
Orangerücken-Putzergarnele   198
Ostafrikanischer Seestern   210

P
Paccagnellas Zwergbarsch   164
Paletten-Doktorfisch   101
Panzerkrebse   203 f.
Pfauenfederwurm   196
Pfeilgrundeln   127 ff.
Picasso-Drückerfisch   108
Pilzlederkoralle   183
Porphyr-Zwergbarsch   165
Porzellankrabbe   207
Porzellankrebse   207
Pracht-Schwertgrundel   128
Prachtanemone   189
Purpur-Torpedobarsch   126

Putzerlippfisch 123
Putzgrundel 116
Pyjama-Kardinalbarsch 107

R

Riffbarsche 134 ff.
Rifflanguste 204
Riffmuschel 216
Röhrenkorallen 178
Röhrenwurm 196
Rosengarnele 201
Roter Fahnenbarsch 166
Roter Kardinalbarsch 106
Roter Stachelseestern 210

S

Sägebarsche 166
Samtanemonenfisch 160
Saphir-Riffbarsch 145
Sattelfleck-Ringelfisch 140
Scheibenanemone 192
Scherenschwanz-Torpedogrundel 129
Schlangensterne 211
Schleimfische 109 ff.
Schmucklanguste 204
Schnecken 215
Schöner Georg 161
Schwimmkrabbe 205
Seeanemonen 185 ff.
Seefächer 184
Seefedern 177
Seegurken 214
Seeigel 212 f.
Seepferdchen 168
Seesterne 209 f.
Sergeant-Major 134
Spätblauer Doktorfisch 99
Spinnenkrabbe 206
Stachelhäuter 209 ff.
Steinkorallen 179, 182
Südseedemoiselle 147
Südseeteufelchen 147

T

Tanzgarnele 201
Taschenkrebs 205

Tassenlederkoralle 183
Telleranemone 192
Teppichanemone 190
Tigerporzellanschnecke 215
Torpedobarsche 126
Troglederkoralle 181

V

Vielborstige Meereswürmer 197
Vierbinden-Preußenfisch 152
Vierborstige Meereswürmer 196

W

Walzen-Seefedern 177
Weichtiere 215 f.
Weißbandputzergarnele 198
Weißkehl-Doktorfisch 100
Weißrücken-Anemonenfisch 141
Weißschwanz-Preußenfisch 150
Wimpersegler-Schläfergrundel 119
Wirbellose 169 ff.

Z

Zehnfußkrebse 198 ff.
Zitronen-Doktorfisch 102
Zitronenjunker 125
Zwergbarsche 162 ff.
Zwergseebarsche 120
Zylinderrose 191
Zylinderrosen 191

Über den Autor

Hans Albrecht Baensch ist seit seinem achten Lebensjahr Aquarianer mit Leib und Seele. Er verbrachte viele Stunden an Bächen und Teichen in der Umgebung seiner Heimatstadt Hannover. Sein Vater hatte zu der Zeit eine Zierfisch-Züchterei und ein Zoofachgeschäft. Fast täglich beschäftigte sich Hans A. Baensch mit Fischen.

Mit 18 Jahren beendete er eine zweieinhalbjährige Lehrzeit als zoologischer Großhandelskaufmann und ließ sich dann einige Jahre den Wind der weiten Welt um die Nase wehen. Unter anderem arbeitete er ein Jahr in Kanada und USA. 1961 trat er bei seinem Vater in die Firma ein.

Er bereiste nahezu alle Zierfisch-Zentren und -Länder der Erde, wie Singapur, Hongkong, Japan, Australien, Mauritius, Seychellen, Südafrika, Kenia und die Karibik. Höhepunkt dieser Reisen war der Amazonas und dort der Fang von Roten Neon- und Diskusfischen.

1970 wurde Hans A. Baensch Geschäftsführer für den Bereich Verkauf und Werbung bei den Tetra-Werken. 1977 machte er sich mit einem eigenen Verlag selbständig und lebt heute auf einem kleinen Bauernhof bei Melle.

Das Interesse für die Meerwasser-Aquaristik erwachte während einer Asienreise, als der Autor die oft traurigen Zustände in den dortigen Zierfisch-Fang- und -Exportfirmen mit eigenen Augen sah, dann selbst in Mauritius einige Meerwasserfische fing und diese für das eigene Meerwasserbecken nach Hause mitbrachte. Nach ersten Mißerfolgen regte sich der Ehrgeiz, auch selbst Meerwasserfische – nun aber erfolgreich – zu pflegen. Der Autor betrieb während der letzten Jahre in seiner Wohnung bis zu zehn Meerwasseraquarien und bediente sich der Tetra-Versuchsstation für weitere Studien. Aus eigenen Beobachtungen entstand so während dieser Jahre die „Neue Meerwasser-Praxis".

Literatur

Allen: Anemonefishes, T.F.H., Inc., Neptune, New Jersey 07753

Allen: Riffbarscge der Welt, Mergus-Verlag, Melle

Axelrod: Tropical Marine Fish, T.F.H., Inc., Neptune, New Jersey 07753

Axelrod: Pacific Marine Fish, T.F.H., Inc., Neptune, New Jersey 07753

Chlupaty: Meine Erfahrungen mit Korallenfischen, Landbuch-Verlag, Hannover

Frische: Das Riff-Aquarium, Tetra-Verlag, Melle

Holiday/Wood: Korallen-Riffe der Welt, Tetra-Verlag, Melle

Klausewitz: Kleine Meeres-Aquaristik, Albrecht Philler Verlag, Minden

Mayland: Das Meerwasser-Aquarium, Falken-Verlag, Niedernhausen

Mayland: Korallenfische und Niedere Tiere, Landbuch-Verlag, Hannover

Mills: Das Meerwasser-Aquarium, Tetra-Verlag, Melle

Probst/Lange: Das große Buch der Meeresaquaristik, Verlag Eugen Ulmer, Stuttgart

Randall: Caribian Reef Fishes, T.F.H., Inc., Neptune, New Jersey 07753

Salt Water Aquarium, Amerikanische Zeitschrift, Miami, Florida

Spotte: Fish and Invertebrate Culture, Wiley Interscience, New York

Spotte: Marine Aquarium Keeping, Wiley Interscience, New York

Straughan: The Salt Water Aquarium in the Home, A.S. Barnes & Cy., Inc., Cranbury, N.J.

TI-Magazin für Aquarium, Terrarium, Garten & Teich, Tetra-Verlag, Melle

Bildnachweis

Dr. Allen, G.R.: 136, 139, 140 u., 141, 145, 148, 154, 156, 159, 161

Dr. Andrews, Ch.: 77

Baensch, H.A.: Titel, 8, 22, 34, 35 u., 38, 39 (2), 43, 49, 73, 74, 76 l., 78, 90, 95 l., 100, 103, 106, 137, 138, 142, 147, 155, 165, 167, 171, 177, 187, 188 (2), 190, 192, 198, 199, 202, 205, 211, 216

Dr. Erhardt, H.: 98, 174, 175, 176, 179, 180, 181, 182, 183, 184, 185, 186, 189, 191, 193, 194, 197, 204, 209, 212, 213, 215

Gremnlewski-Strate, O.: 134

Kahrl, B.: 36, 64, 70, 76 r., 79, 80 l., 86, 91, 94, 95 r.

Kipper, H.: 4, 35 o., 40, 57 (2), 59, 61, 62, 65, 66, 67, 69, 80 r., 81, 87 (2), 96, 133

Krämer, G.: 195, 201, 206

Kuiter, R.: 157

Leitz: 88

Mintz, A.: 14

Norman, A.: 99 (2), 101, 102, 104, 107, 108, 109 (2), 110, 111, 112, 113, 114, 117, 118, 119, 121 (2), 122 (2), 123, 124, 125, 126, 127, 128, 129, 130, 131, 135, 140 o., 143, 144, 146, 160, 166, 168, 200, 203, 207, 208, 214

Paysan, K.: 93, 170

Spies, G.: 173

Steene, R.: 158

Tetra: 11, 12, 13, 14 (2), 17, 20, 23, 24, 25, 26, 28, 30, 45, 47, 50, 52, 58, 60, 71, 97, 105, 115, 116, 120, 132, 149, 150, 151, 152, 153, 162, 163, 164, 210

Tomey, W.: 33, 37, 46, 55, 178, 196

Zeichnungen:
Angela Paysan, B. Kahl, Tetra-Archiv, versch. Aquarien-Geräte-Hersteller, Verbreitungskarte S. 89 vom Autor